우리 시대의 교양

리영희
프리즘

우리 시대의 교양
리영희 프리즘

2010년 2월 20일 1판 1쇄
2010년 4월 9일 1판 2쇄

지은이 | 고병권 외

기획 | 오창익
편집 | 정보배·조건형·엄정원
디자인 | 백창훈
제작 | 박흥기
마케팅 | 이병규·최영미·양현범

출력 | 한국커뮤니케이션
인쇄 | 천일문화사
제책 | 경문제책

펴낸이 | 강맑실
펴낸곳 | (주)사계절출판사
주소 | (413-756) 경기도 파주시 교하읍 문발리 파주출판도시 513-3
등록 | 제 406-2003-034호
전화 | 031) 955-8588, 8558
전송 | 마케팅부 031) 955-8595 편집부 031) 955-8596
홈페이지 | www.sakyejul.co.kr   **전자우편** | skj@sakyejul.co.kr
독자카페 | 사계절 책 향기가 나는 집 http://cafe.naver.com/sakyejul

ⓒ고병권·천정환·김동춘·이찬수·오길영·이대근·안수찬·은수미·한윤형·김현진, 2010

값은 뒤표지에 적혀 있습니다.
잘못 만든 책은 구입하신 서점에서 바꾸어 드립니다.

사계절출판사는 성장의 의미를 생각합니다.
사계절출판사는 독자 여러분의 의견에 늘 귀 기울이고 있습니다.

ISBN 978-89-5828-452-9 03300

이 도서의 국립중앙도서관 출판시도서목록(CIP)은 e-CIP 홈페이지
(http://www.nl.go.kr/ecip)에서 이용하실 수 있습니다.
(CIP제어번호: CIP2010000364)

우리
시대의
교양

리영희 프리즘

고병권
천정환
김동춘
이찬수
오길영
이대근
안수찬
은수미
한윤형
김현진

사계절

일러두기

1. 외래어 표기는 국립국어원의 외래어 표기법을 준용했다.
2. 일부 외래어 인명과 도서명은 인용의 원 출전인 리영희 저작의 표기 방식을 따르기도 했다. 예를 들어 중국 작가 '루쉰魯迅'의 표기는 일부 필자가 리영희 저작의 표기 방식을 따라 '노신'으로 표기하기도 했다.

리영희를 다시 불러내는 이유

이 책은 리영희 선생의 팔순(2009년 12월)을 기념하기 위해 기획되었다. 소박한 뜻이 담겨 있지만 리영희에게 바치는 책은 아니다. 리영희에게 바치는 책은 그 누구보다도 리영희가 달갑게 여기지 않는다. 그것을 모른다면 그를 '사상의 스승'이라고 부를 자격이 없는 사람이다. 그에게는 "글을 쓴다는 것은 우상에 도전하는 행위"인데, 어떻게 헌사 따위가 바쳐지는 자리에 스스로 서겠는가.

리영희는 기념되고 추앙받는 과거의 인물이 아니다. 리영희가 비판하고 저항하던 시대는 바뀌었지만, 권력과 우상은 더욱 노회해져 인간의 자유와 이성을 억압하고 있다. 과거엔 지배와 모순 관계가 분명히 드러났지만 오늘날엔 서로 뒤엉켜 그 모습을 제대로 보기 어려워졌다. 물신이 지배하는 사회에서 우상숭배자들이 오히려 보편적 진리에 대한 존중을 우상숭배로 몰아간다.(이찬수, 「무신론적인, 그러나 유신론적인」) 그런가 하면 미국에 대한 숭상은 과거 지배층들의 전유물로 서민들에게 '그림의 떡'에 가까웠지만, 오늘의 영어 숭상은 서민들도 피할 수 없는 족쇄가 되었다.(오길영, 「영어라는 우상」)

국가의 물리적 폭력 앞에서 어쩔 수 없이 복종해야 했던 사람들은 오늘 오로지 '하반신적 욕구우월주의'만 살아 꿈틀대는 사회에서 자본의 힘에 자발적으로 복종한다. 그들은 복종하면서도 복종하는지 알지 못한다. 노예는 자신이 노예임을 알아차릴 때 저항을 모색하거나 반란을 꾀하기도 하지만, 노예임을 모를 때는 다만 '편안하게' 죽어 간다. 과거 자본권력은 정치권력 뒤에 숨어 자신의 모습을 드러내지 않았지만, 이젠 아무런 거리낌 없이 제 모습을 드러낸다. 그럼에도 사람들의 눈에 잘 보이지 않는 것은 자본의 지배 방식 때문이다. 인간의 본성인 자유를 지향하여 일생 동안 시대와 치열하게 마주했던 리영희를 오늘 여기에 다시 불러내야 하는 이유다.

그를 '사상의 스승'이라고 부르는 것은 충분하지 않다. '사상의 스승'이란 말에는 자기 성찰과 실천, 삶의 구체성이 충분히 담겨 있지 않다. 그가 선택하지 않은 그의 시대는 잔인하다는 말로는 부족하다. 일제 식민지에서 청소년기를 보냈고 분단과 전쟁의 한복판에서(김동춘, 「전쟁의 세기」) 젊은 시절을 보냈다. 젊은 시절인 1940년대와 1950년대는 리영희 자신의 말대로 "폭풍과 암흑의 바다에 뜬 일엽편주처럼 …… 그 속에서 개인이 지나온 발자취는 자기 의지의 항로가 아니라 초인간적 의지, 즉 시대 상황이 그려 주는 항로일 수밖에 없었던" 그런 시절이었다. 7년 동안 통역 장교 생활을 한 뒤 기자가 되었지만, 그의 삶 전체에서 독재가 곁을 떠나지 않았듯이 가난 또한 떠나려 하지 않았다. 그는 시대의 조건과 모순을 구체적으로 따져 보고 철저하게 성찰하고 비판했다. "인간의 선천적 본성은 이기주의다. 후천적·사회적 제도와 훈련 및 규율은 그것이 지속되는 한도에서 어느 정도까지 이기적 본능을 억제할 수 있지만, 그 외적 강요는 영구적일 수 없고, 따라서 외적 조건만 이완되면 잠재했던 이기적 본능이 부활한다"고, 또 "장교들의 부패가 뻔뻔스럽고 신문인들의 부패는 지능적이라는 차이가 있을 뿐이었다"고 술회할 때, 그의 삶은 분명 '시대 상황이 그려 주는 항로에서 벗어날 수 없는 일엽편주'와는 사뭇 다르다. 그 시절만큼, 아니 그 이상으로 바로 지금 참된 자유인의 길이 무엇인지 묻기 위해서도 그를 불러내야 한다. 이 물음은 사회과학의 고민(은수미, 「사회과학의 고민」)에 머물지 않는다.

한비자의 "얕은 재주나 술수는 우직한 성실만 같지 못하다"는 말을 일생의 계언戒言으로 삼은 그에게 책 읽기(천정환, 「책 읽기와 청년, 그리고 자유」)와 외국어 공부는 진실만을 따르겠다는 종교와 같은 신념의 실천 과정이다. "독서는 사람을 풍요롭게 하고 글쓰기는 사람을 정확하게 한다"는 말은 리영희에게 가장 잘 어울린다. 책 읽기와 함께 지식인(이대근, 「다시, 지식인의 책무를 묻다」), 기자(안수찬, 「진짜 기자의 멸종」)로서 그가 글을 쓰는 유일한 목적은 "진실을 추구하는 오직 그것에서 시작하고 그것에서 그친다."

이 책에 두 분의 20대가 동참해 무척 반가웠다. 한윤형(「냉소주의 시대의 우상과 이성」)은 우상에 도전하는 행위로서의 글쓰기에 관해 일찍이 알아차린 듯하다. 인터뷰를 맛깔스럽게 정리한 김현진(「가혹하게 정직하고, 칼날처럼 투명하게」)은 이 책이 리영희를 '사상의 스승'으로 모시는 구세대들만을 위한 것이 아니게 해주었다.

고병권이 강조했듯(「생각한다는 것은 무엇인가」), 리영희에게 인간의 반대는 동물도, 식물도, 무생물도 아닌 노예다. 따라서 인간이 된다는 것은 노예로부터 벗어나 자유인이 된다는 것이다. 리영희에게 인간은 "자유를 원초적 본성으로 갖는 생명체"인데, 그런 '리영희의 인간'과 '인간 리영희'가 가깝다는 점에서 리영희보다 앞선 이를 만나는 일은 쉽지 않다. 이 책의 초점은 '인간 리영희'를 말하는 데 있지 않다. 인간은 자기 시대를 선택하지 못하고 각 인간의 삶은 시대의 특수성을 갖는다. 하지만 '리영희의 인간'은 시대를 뛰어넘는 보편성을 갖는다. 이 책에는 '인간 리영희'라는 프리즘을 통해 오늘 '리영희의 인간'에 관해 고민하자는 뜻이 담겨 있다. 우리가 왜 이 시대를 '편안하게 죽어 가는' 대신 힘겹게 살아가야 하는지 이유를 캐묻는 것이다.

한 세대 동안 리영희는 권력에게 '의식화의 원흉'으로 지목되었다. 그렇지만 의식화라는 말은 사회과학적으로도 정확하지 않지만, 통용되는 뜻 그대로 받아들인다고 해도 정확한 용어가 아니다. "해방 이후 병적이고 광적인 극우반공주의와 미국을 하느님처럼 섬기는 철저한 정신적·사상적 예속 상태"는 권력에 의한 의식화가 얼마나 지독하게 관철되었는지 말해 주기 때문이다. 리영희를 '의식화의 원흉'이라고 부르는 순간, 지배 세력이 행한 강고한 의식화는 흔적 없이 사라진다. 거꾸로 리영희는 지배 세력이 주입, 세뇌한 의식을 내면화한 우리가 의식의 반신불수 상태에 있다는 놀라운 진실을 깨닫게 했다. 콩도르세는 인간을 믿는 자와 생각하는 자로 나누었는데, 스스로 '생각하는 인간'이라고 믿었지만 '믿는 노예'에 불과했던 우리들은 리영희라는 산파를 통하여 비로소 '생각하는 인간'으로 거듭났던 것이다.

나에게도 『전환시대의 논리』, 『우상과 이성』은 삶의 전환에 있어서 중요한 변곡점의 하나였다. 간단치 않은 삶은 그렇게 시작되었는데 저 가슴 깊은 곳에서 우러나는 티 없는 마음으로 한마디 남기고 싶다. 정작 선생께선 달가워하지 않으시겠지만.

고맙습니다, 선생님.

『한겨레』 기획위원

홍세화

차 례

리 영 희 와
생 각 하 기

생각한다는 것은 무엇인가

고병권

수유너머 R 연구원. 저서로 『니체, 천개의 눈, 천개의 길』, 『니체의 위험한 책, 차라투스트라는 이렇게 말했다』, 『화폐, 마법의 사중주』, 『고추장, 책으로 세상을 말하다』, 『추방과 탈주』 등이 있다. 현재 '코뮤넷 수유너머'의 일원인 '수유너머 R'에서 공부하며 살아가고 있다.

사상의 은사. 1980년 프랑스 일간지 『르 몽드』는 한국의 리영희를 그렇게 소개했다. 1970~80년대에 대학을 다닌 선배들은 그를 정말 그렇게 불렀다. 누군가는 리영희를 읽고 나서 "하늘이 무너지는 충격을 받았다"고 했고, "진실을 안 것에 대한 두려움에 시달렸다"고도 했다. 또 누군가는 "머릿속에서 지진이 일어났다. 그동안 익혀 온 가치 체계가 우르르 무너지기 시작했다"고 했다. 리영희 스스로는 "그들의 '은사'가 되고자 한 적이 없다"고 했지만, 수많은 '그들'은 그를 한결같이 '사상의 은사' 또는 '시대의 계몽자'라 불렀다.

물론 리영희의 말과 글이 80년대에 멈춘 것은 아니다. 2000년, 그의 혀와 손이 굳기 전까지 말은 변함없이 단단했고 글은 변함없이 날카로웠다. 90년대에 대학을 다닌 나 역시 그의 칼럼들에 고개를 끄덕이며 생각의 키를 키워 왔다. 하지만 솔직히 말해서 70~80년대 선배들이 토해 낸 전율할 만한 배움의 기억은 없다. 이 글을 준비하며 읽은 그의 예전 책들은 내게도 상당한 감동을 주었고, 당시 선배들이 받았을 충격을 미루어 짐작하게 했지만, 어쨌든 내가 그의 제자를 자처할 노릇은 아니다.

사상의 은사. 이불을 둘러쓰고 리영희를 읽으며 전율했던 이들이 고백했던 그 말을, 나는 리영희의 글을 읽으며 다시 생각해 보고자 한다. 그를 사상의 은사로서 고백하는 것이 아니라 그를 통해 사상의 은사란 무엇인가를 생각해보고 싶다. 생각을 낳아 준 고마운 스승이란 무엇을 말하는

가. 이때 '생각한다'는 것은 무엇이고 '스승'이란 어떤 존재인가. 여기서 일어나는 '배움'이란 또 무엇인가. 나는 그 물음에 대한 답들을 리영희에게서 찾아볼 생각이다. 이 과정에서 나는 그가 썼거나 그에게 부여된 말들, 예컨대 이성, 계몽, 우상, 신화, 냉전, 의식화, 민주주의 등을 다시 음미해보고 싶다.

그런데 묘하게도 나는 리영희를 통해서 말하는 것이 리영희에 대해서 말하는 것과 크게 다르지 않음을 느낀다. 그는 자기 생각을 가르치는 사람이기 이전에, 각자에게 생각을 불러일으키는 사람이었다. 그는 정보를 전달하는 교육자이기 이전에 각성을 전달하는 교육자였다. 그래서 리영희를 통해 타오른 이들이 리영희와 다른 길을 걷는 것이 얼마든지 가능했다. 리영희가 동의할 수 없는 투쟁도 리영희 덕분에 일어나는 것이 가능했다. 그는 언젠가 자신이 직접 관계한 적도 없는 온갖 사건들의 '간접적 주범'이 되었다고 말했다. 검찰은 실제로 그런 사건들로 리영희를 법정에 세운 적도 있다. 그가 사건에 직접 관여해서가 아니라 그의 말과 행동이 각성을 불러왔기 때문이다. 그를 '은사'라 부르든 '원흉'이라 부르든, '리영희를 통해서 그렇게 되었다'는 말은 리영희가 어떤 존재인지를, 즉 리영희에 대해서 말해 준다.

이 글의 목적은 리영희의 사상을 온전하게 해설하는 데 있지 않다. 나는 그의 생각을 해설하기보다 그의 생각이 작동하는 방식, 그의 생각이 불러일으킨 것에 대해 말하고 싶다. 그런데 왠지 바로 그것이 또한 그의 생각, 그의 사상이 아닐까 하는 느낌도 든다. 생각을 전하기 이전에 생각을 불러일으키는 일, 그것이 그의 사상의 중요한 일면이 아닌가 싶다.

과연 생각한다는 것은 무엇인가. "나는 생각한다, 고로 존재한다"고 말했던 데카르트조차 '생각한다'는 것이 무엇인지에 대해서는 깊게 생각하지 않은 것 같다. 단지 그는 이렇게 추론했을 뿐이다. 우리가 모든 것을 의심한다 하더라도 의심한다는 사실 자체는 확실하고, 의심은 의심하는 존재 없이는 일어날 수 없다. 다시 말해서 우리의 판단이나 느낌이 옳든 그르든, 우리가 그렇게 '생각한다'는 것은 확실하고, 생각이란 '생각하는 존재' 없이는 일어날 수 없기에, '생각하는 나'의 존재는 의심의 여지가 없다.

하지만 다시 물어보자. 데카르트가 그렇게 확신하고 있는 '생각한다'는 것의 의미는 무엇인가. 그는 '생각하는 존재의 확실성'을 최초의 확실한 인식이라고 했지만, 그 최초의 인식보다도 먼저 '생각한다'는 것에 대한 확실한 인식이 필요한 건 아닐까. '생각한다'는 것이 무엇인지도 확실치 않은데, '지금 생각하고 있다'는 확신이 어떻게 가능하겠는가. 불행히도 데카르트는 우리의 공통 감각과 통념에 기대는 것 같다. 그는 우리가 의식하는, 우리 정신에서 일어나는 작용 일반을 뭉뚱그려서 그냥 '생각하는 것'이라고 했다.

하지만 '생각한다'는 것의 의미를 그렇게 뭉뚱그려서는 안 될 것이다. 누군가가 '나는 비로소 생각하게 되었다'고 말할 때, 아니면 리영희에 대해서처럼 누군가를 '생각을 불러일으킨 존재', 즉 '사상의 은사'라고 부를 때, '생각한다'는 말은 단순히 정신 작용 일반을 지칭하지 않는다. 우리가 일상적으로 사용하는 말, 이를테면 '나는 이렇게 생각해'라는 말은 내가 가진 '견해'를 이르는 것이다. 하지만 그 견해란 무릎을 치면 발이 올라가는 몸의 자동 반응처럼, 언제부턴가 형성된 의식의 자동 반응인지 모른다. 정신도 신체만큼이나 기계적 반응을 보일 때가 있고 습관화되어 있을 수 있다. 그래서 내가 가진 생각은 역설적이게도 내가 얼마나 생각을 하지 않는지에 대한 증명일 때가 있다.

리영희를 '사상의 은사'라고 부른 이들, 리영희와 더불어서 비로소 '생각을 할 수 있게 되었다'는 이들이 말하는 '머릿속에서 일어난 지진'의 체험은 그런 자동 반응과는 정반대의 것을 의미한다. 견해란 내가 겪은 지진 이후에 나타나는 파생물일 뿐이다. 지진을 겪고 나면 모든 것은 달라 보이고 달리 생각된다. '생각한다'는 말, '사유한다'는 말을 우리에게 일어난 지진으로서, 하나의 '사건'으로서 이해한다면, 우리는 그 말이 단순한 관념이나 견해와 동일시될 수 없음을 알 것이다. 오히려 기존 관념이나 견해를 유지하는 것이 불가능한 사건의 체험을 우리는 '생각한다'는 말로, '생각하게 되었다'는 말로 나타내어야 할 것이다.

리영희를 '사상의 은사', '생각의 스승'이라 부를 수 있다면, 그것은 그가 훌륭한 '정보'나 '견해'를 들려주었기 때문이 아니라, 그가 우리를 '생각하게' 했기 때문이다. 이 점에서 스승이란 우리에게 생각을 불러일으키는 존재, 우리를 각성케 하는 모든 존재에게 부여될 수 있는 이름이다.

리영희가 맞서 싸운 적의 이름은 그가 애용하는 글의 제목들이 말해 주듯 '우상'과 '신화'였다. 그는 니체를 싫어했지만, 아마 '우상파괴자'라는 이름을 니체만큼이나 좋아했을 것이다. '생각한다'는 말과 대비되는 것이 바로 '우상'이다. 우상은 '생각 없음' 또는 '생각하지 못하게 함'이라고 할 수 있다. 리영희가 어떤 것을 우상으로 부르는 이유는 사람들이 그것을 숭배한다는 데 있다기보다 그것에 대해 따져 묻는 것이 금지되어 있다는 데 있다. 그것은 낡은 습관처럼 사유되지 않은 채 무심코 지나치는 것일 수도 있고, 종교적·도덕적 금기로 인해 사유가 금지된 것일 수도 있고, 정치적 이유에서 사유가 처벌의 대상이 되는 것일 수도 있다. 이런 이유들은 자주 뒤섞이고 결탁해서 하나의 사유 불가능 체제를 구축한다.

특정한 사고 및 행위 방식을 종교적인 것으로, 그래서 더 이상 따져 물을 수 없는 신성한 것으로 만드는 일은 교회만이 아니라 국가에서도 일어난다. 리영희는 1970년대에 자신이 처한 상황을, 갈릴레이나 브루노가 종교재판에 회부되어 신을 모독한 행위로 처벌받아야 했던 것에 비유하곤 했다. 정치권력이 '옷을 걸치지도 않았으면서 입었다고 우길 수 있는' 체제, 임금이 발가벗었음을 사람들이 말하지 않거나 말할 수 없는 체제에서는 정치재판이 사실상 종교재판이다. 『전환시대의 논리』에서 리영희는 "여태까지 지켜온 사고나 가치나 체제나 질서의 변화는 그 사회의 기틀을 위태롭게 한다"는 판단이 사실상 "보수적인 정치 교리"임을 지적하고, 정치가 신학화되었다고 비판했다. 국가 이익이나 체제 안정이 그것에 대해 따져 묻는 것을 금지하는 신학적 도그마가 되었다는 것이다.

반공법 재판이 그 좋은 예일 것이다. 1978년 리영희는『8억인과의 대화』와『우상과 이성』이 소위 '의식화 교재'라는 이유로 검찰에 의해 기소되었다. 그는 당시 검사로부터 심문받던 과정을「D 검사와 리 교수의 하루」라는 짧은 소설로 소개한 적이 있다. 검사는 당시 공산주의 국가였던 중국에 대해 리 교수가 쓴 글이 대한민국의 국체를 부인하고 해외 공산주의를 찬양했다고 주장했다. 명백한 반공법 위반이라는 것이다. 그러자 리 교수가 답했다. "가난하기는 하지만 먹을 것은 먹고, 사치스럽지는 않지만 입을 것도 입고 있습니다. 병이 나면 치료도 받고 있는 것이 객관적 현실입니다. 사실을 사실대로 묘사하여 우리나라 사람들의 편견과 인식 착오를 바로 잡으려는 의도로 쓴 글이 고무·찬양이 될 수는 없습니다. 오히려 공산주의 사회의 진실을 이데올로기적 고정관념과 30년 전의 냉전의식을 토대로 해서 신앙처럼 믿고 있는 인식 착오는 자기기만일 뿐입니다." 이때 검사는 진실보다는 성경 구절 위반 여부에 더 촉각을 세우는 목사처럼 말한다. "무슨 말을 해요. 객관적 진실이냐 아니냐 하는 것은 여기서 문제가 되지 않아요. 우리나라 학교의 교과서에 쓰여 있는 대로냐 아니냐가 문제인 거예요."

우상이란 어떤 면에서 '대상'이라기보다는 '상태', 더 나아가서 하나의 '체제'라고 할 수 있다. 그것은 한편으로 생각할 수 없는 대상이지만 다른 한편으로는 생각이 일어나지 않는 상태, 생각을 가로막고 불온시하는 체제라고 할 수 있다. 리영희가 텔레비전 오락물을 보고 던진 푸념은 내가 보기에 생각을 마비시키는 체제로서 우상을 설명하는 가장 적절한 말로 보인다. 그는 텔레비전 오락물이 "우리에게 절실하게 요구되는 스스로 '생각하는 기능'을 마비시키는 것 같다"며, 거기 빠져든 사람들을 볼 때마다 "완전한 사고정지증 환자"를 보는 것 같다고 말한다.

사실 생각 기능의 마비나 사고정지증은 냉전 체제의 병리 현상이기도 하다. 냉전 체제 아래에서는 강력한 이분법이 지배한다. "일체의 사상을 흑과 백, 죽일 놈과 사랑할 놈, 천사와 악마, 자본주의와 공산주의"로 구분하고, 모든 이들이 "흑백 사상의 포로가 되는" 체제가 냉전이다. 여기서는 남한 정부를 비판하면 자동으로 북한 정부를 이롭게 하는 것이고, 자본주의의 병폐를 지적하면 곧바로 공산주의를 찬양하는 일이 된다. '빨갱이'라는 말 한마디면 그 어떤 해명도 불필요하고 불가능하다. 여기서는 생각이 일어나지 않는다. '그가 빨갱이였다니 그는 정말 나쁜 놈이라고 생각한다.' 그러나 그것은 생각이 아니다. 우리 사회에서 '빨갱이'에 대한 생각은 '생각'이라기보다 일종의 '반응'이고, 리영희의 표현을 빌리면 '조건반사'일 뿐이다.

냉전 체제만이 아니라 민족주의도 생각 없음의 체제가 될 수 있다. 사고가 멎어 버린다는 면에서 민족도 언제든 우상일 수 있다. 『대화』에서 리영희가 맹목적 민족주의를 우려하며 "조금은 '비애족주의'가 필요하다"고 말한 것도 그런 맥락에서였다. "자기중심적 우주관과 역사관", "허황된 견강부회식 과대망상" 등 과잉 민족주의에서 확인되는 성향들은 곧

바로 우상과 신화, 신학적 도그마에 다름 아니기 때문이다.

사회주의도 마찬가지다. 1991년 현존 사회주의 국가들의 붕괴가 시작되었을 때, 리영희는 사회주의의 문제를 '구조결정론'이라는 틀에서 설명하려 했다. 그는 '개인의 선택적 권리'라는 것을 일정하게 존중해야 한다는 맥락에서 '구조 결정'이라는 말을 썼다. 하지만 그 말은 단지 '개인적'인 것과만 대비되는 것이 아니었다. 구조 결정은 무엇보다 '생각하기'와 대비되는 말이었다. 그는 사회주의가 자칭 '과학'에 기대어 "진행 중인 현실을 고정된 사유의 틀로 해석하는 관습에 젖어 있었다"고 말한다. 사회주의 지식인들은 물론이고, 리영희 자신을 포함해서 많은 진보적 지식인들이 "환경 예측 능력을 상실"한 것에 대해 그는 겸허해질 것을 요구했다. 고정된 사유의 틀, 그것은 더 이상 '생각하지 않음'을 의미한다. 리영희가 "'사상적 일관성'이라는 것도 허위의식"일 수 있다고 경고한 것도 같은 맥락에서 볼 수 있을 것이다. 리영희의 이러한 태도는 당시의 일부 진보 지식인들에게 '변절' 혹은 '전향'이라는 혐의를 받았지만, 나는 그것이 '생각하기'로의 일관된 복귀였다고 믿는다.

리영희는 생각이 없는 상태를 곧잘 '잠'에 비유했다. 바깥의 변화를 전혀 알 수 없는, 창문도 하나 없는 방 안에서 자기가 방 안에 갇혀 있음도 모르는 채 사람들은 잠을 잔다. 우상을 숭배하며, 종교적 신화 안에서, 정치적 권위 아래서 그들은 편안히 잠을 잔다. 리영희는 1970년대 남한의 많은 인민들이 그런 잠에 빠져 있다고 생각했다. 세계정세는 변화하는데 냉전의 밀폐된 방 안에서 사람들은 전혀 그것을 알지 못한다. 만약 미국 대통령이 자유중국 대만이 아닌 공산주의 국가 '중공'을 방문하고, 같은 공산주의 국가인 소련과 중국이 갈등하는 상황을 안다면 사람들은 어떤 행동을 보일까. 그들은 베트남전이 공산주의로부터 자유민주사회를 지켜 내는 성전이기 이전에, 미국의 추악한 정치적 계산에 따라 일어난 전쟁임을 보여주는 미국 내부 보고서가 폭로된 것을 어떻게 받아들일까. 잠에서 깨어나면 과연 어떤 일이 벌어질까.

조건반사의 토끼와 파블로프의 개. 전자는 리영희가 『전환시대의 논리』에서 냉전 체제 아래 있던 남한 사람들을 비유한 것이고, 후자는 『새는 좌우의 날개로 난다』에서 소련의 사이비 과학의 대명사처럼 언급한 파블로프의 실험에 나온 동물이다. 두 동물은 냉전 시대에 반대 진영에 있었지만 그 의미는 똑같다. 생각이 없이 조건반사로 움직인다는 것. 그것들은 엄밀하게 움직이지만 또한 생각 없이 움직인다. 아마도 잠을 깨면 깜짝 놀랄 것이다. 그리고 세상의 변화에 허둥지둥할 것이다.

계몽이란 무엇인가

신성한 것에 대해서는 의심만으로도 '죄'가 된다. 왜냐하면 그것은 복종만을 허용하기 때문이다. "당시에 나는 아무도 할 수 없고 오직 나만이 할 수 있는 일을 시도했다. 나는 깊은 곳으로 내려갔고, 바닥에 구멍을 뚫었으며, 우리 철학자들이 수천 년 동안 신봉해 온 낡은 신념을 조사하고 파고들기 시작했다." 리영희의 말이라고 해도 좋을 이 말은 니체가 『서광』

의 서문에서 한 말이다. 그는 신성한 것들을 파헤치는 자신의 쟁기질을 '악의 쟁기질'이라고 자랑스럽게 말했다.

우리는 '바닥에 구멍을 뚫는다'는 니체의 말을 깊이 음미할 필요가 있다. 그는 다른 글에서 사상가를 넷으로 나눈 적이 있는데, 그때도 비슷한 표현이 나온다. 그냥 표면적인 사상가가 있는가 하면, 깊은 곳으로 내려가는 심오한 사상가도 있다. 그런가 하면 아주 철저해서 그 바닥까지 내려가는 '토대의 사상가들'도 있다. 그런데 이보다 더 나아간 사람들이 있다. 그것은 바로 바닥을 뚫고 지하까지 내려가는 사람들이다. 즉 토대 Grund 아래까지 내려가는 지하의 사상가들 Untergründlichen. 말 그대로 우리는 '언더그라운드'의 사상가들에 주목해야 한다.

생각한다는 것은 어떤 전제나 토대에 입각해서 추론하는 일이 아니다. 생각한다는 것은 그것을 넘어서는 것이다. 우상을 파괴한다는 것은 사유의 전제까지 사유의 대상으로 삼을 수 있을 때 가능하다. 리영희는 줄곧 '우상'의 반대편에 '이성'을 두었다. 특히 1970~80년대의 엄혹한 군부 독재 시기에 쓴 글에서, 그는 우상과 거짓의 반대편에 이성과 과학, 진실을 두고는 후자를 대단히 찬미했다. 그러나 핵무기를 개발한 과학자들의 '영혼 없음'을 경계할 때, 그리고 사회주의가 붕괴된 후 다시 '공부'를 촉구할 때, 그는 여전히 이성주의자이기는 했지만, 나는 그 이성의 의미가 합리주의나 과학주의를 넘어선다는 것을 느꼈다.

시인 고은은 리영희의 역사적 감각이 "맹수나 작은 벌레들이 그들이 사는 환경의 어떤 일도 너무나 정확히 알아차리는 것처럼" 거의 '본능적'

이라고 말한 바 있다. 정말이지 이성은 지능을 넘어서야 한다. 그것은 때로 우상의 냄새를 맡는 예민한 후각을 필요로 하며, '감히 알려 하고 감히 말하려 하는' 용기와 각오도 필요로 한다. 이성은 언뜻 이성적이지 않은 것들을 담고 있다.

만약 우리가 이성을 근대적 합리성이라고 부르는 '계산 가능성'에 국한한다면, 우상에 대한 리영희의 이성적 비판은 오히려 불합리하고 몰지각한 것으로 나타날 것이다. 합리적인 행동, 지각 있는 행동이 어떤 토대나 근거에 입각한 것인 한에서, 토대를 문제 삼고 근거를 문제 삼는 행동은 불합리하고 몰지각한 것, 무엇보다 근거 없는 것으로 나타날 수밖에 없다. 리영희가 말하는 이성은 계산 가능한 것이 아니다. 계산적일 때 사람은 그렇게 행동할 수 없다. 현실에 대한 과학적 분석을 중시하고 스스로 이성주의자임을 자처한 그가, 후배 기자들에게 "괴롭고 쪼들리더라도" '이상주의자'가 되라고 말한 대목은 퍽 흥미롭다. 그는 이렇게 푸념한다. "어쩐지 모든 사람들이 '현명'하기만 한 것 같아 우둔한 사람도 하나둘쯤 있어 줬으면 하는 아쉬움이 든다."

칸트는 「계몽이란 무엇인가에 대한 답변」에서 이성이 합리적으로 일을 처리하는 수준으로 환원될 수 없음을 지적한 바 있다. 그는 이성의 사용을 사적인 경우와 공적인 경우로 나누었다. 이성의 사적 사용이란 자신에게 주어진 일을 합리적으로 효율적으로 처리하는 것이다. 칸트는 그것을 '기계의 부품처럼'이라고 묘사했다. 반면 이성의 공적 사용은 자신이 어느 직책에 있든 '학자처럼' 전체 대중을 향해 자유롭게 발언하는 것이다. 예컨대 내가 성직자라면, 교황이 내린 어떤 명령을 사적 이성을 통해 효율적으로 처리할 수 있다. 그러나 그 명령이 부당하다면 나는 공적 이성을 가진 자로서 전체 대중에게 용기 있게 발언해야 한다.

우리는 왜 칸트가 '계몽'의 비밀이 '용기'에 있다고 말했는지를 알 수 있을 것이다. 이성을 공적으로 사용한다는 것은 지능보다도 용기를 요하는 것이기 때문이다. 생각한다는 것이 바로 그렇다. 우리가 우리에게 던져진 전제와 근거에 따라 추론하는 것에 머물 때, 우리는 '기계 부품'에 머무는 것이다. 한마디로 우리는 그때 생각이 없는 것이다. 생각한다는 것은 지능의 문제가 아니라 용기의 문제, '감히 알려 하고', '감히 문제 삼으려 하는' 태도라고 할 수 있다. '계몽이란 무엇인가?'라는 문제에 대한 칸트의 답변이 그것이었다.

이즈음에서 리영희의 시끄러웠던 글, 「대한민국은 한반도의 '유일한' 합법정부가 아니다」(1989)를 음미하는 것이 의미가 있을 것 같다. 이 글은 리영희가 『한겨레신문』 창간 1주년을 맞아 방북 취재를 기획하면서 국가보안법 위반으로 구속된 후 출소해서 쓴 글이다. 이 글의 제목은 그 자체로 매우 충격적이었고 지금도 그렇다. 대한민국이 한반도 유일의 합법정부이며, 북한은 대한민국 정부를 찬탈하려는 '불법적 반란 집단'이라는 것은 국가보안법의 대전제이면서, 남한 사람들 대부분이 갖고 있는 통념이자 상식이다. 그런데 그는 "정말 그런가?"라고 물었다. 아마도 검사와 판사는 그 전제에 입각해서 그 법조문에 따라 '합리적으로' 판단할 것이다. 그러나 리영희는 법의 "대전제가 진실 검증에 견딜 수 있는 것인지"를 검증하겠다고 말했다.

대한민국이라 불리는 남한 정부가 역사적으로 북한 지역을 실효적으로 지배한 적이 있는지, 그 역사적 근거를 따져 묻는 것에서 시작해서, 소위 '한반도 유일 합법정부'론의 국제법적 근거로 언급되는 1947년 유엔 총회의 내용은 어떤 것이었는지, 남한 정부가 북한 정부와 벌인 각종 회담과 공동 발표한 성명들을 어떻게 볼 것인지, '조선민주주의인민공화국' 정부가 발행한 비자로 북한을 입국했던 정부 인사들과 재벌들의 사례는 무엇을 말하는지 등 모두 열네 가지 사항에서, 그는 대한민국 유일 합법정부론을 비판했다. 그는 그 '근거들의 근거 없음'을 지적하기 위해 근거들 아래까지 뚫고 갔다. 생각한다는 것은 이만큼의 용기, 이만큼의 무모함을 필요로 하는 것이다.

의식화의 은사, 의식화의 원흉

사상의 은사로서 리영희는 무엇을 가르쳤고 제자들은 무엇을 배웠는가. 체제의 맨 밑바닥조차 뚫고 내려갔을 때, '근거의 근거 없음'을 폭로했을 때, 그는 무엇을 가르쳤고 그들은 무엇을 배웠던가. 그는 제자들에게 확고한 근거를 제공해 준 사람이 아니었다. 그는 무엇보다 그런 것이 허위의식일 수 있음을 경고했다. 이 글의 머리에서 말한 것처럼, 그는 지식을 전달한 사람이라기보다는 각성을 전달한 사람이었다. 각성이란 누군가를 배울 수 있게 만드는 일이다. 나는 리영희를 통해 보건대, 스승이란 '가르치는 사람'이라기보다는 '배우게 하는 사람'이라고 생각한다. 그는 사람들의 선입견을 깨뜨렸고, 사람들의 잠을 깨웠다. 한마디로 그는 일깨우는 사람이었다.

사람들은 그 일깨움을 '의식화'라고 불렀다. 이 '의식화'는 표현과는 달리 의식 이전에 일어난 변화로, 굳이 말하자면 무의식적인 것이다. '의식화'가 일어나면 똑같은 사물, 똑같은 상황이 아주 다르게 인식된다. '의식화되었다'는 것은 1970~80년대의 일부 사람들에게는 나쁜 빨강 물이 들었다는 뜻이었고, 다른 사람들에게는 세상에 대한 명철한 인식을 획득했다는 뜻이었다. 전자의 입장에서 리영희는 '의식화의 원흉'이었고, 후자의 입장에서는 '의식화의 은사'였다. 그러나 어느 쪽이든 '의식화'란 말은 누군가가 완전히 '딴 사람'이 되는 '주체 변형'을 의미했다.

계몽이 '깨어남', 즉 각성을 의미한다면, 리영희는 칸트보다는 노신(이상하게도 리영희는 루쉰이라는 중국식 발음보다 한국식 발음인 노신이라는 이름을 선호했다)에 가까워지는 것 같다. 리영희는 노신이야말로 자신의 스승이었다고 말했다. 리영희는 노신을 여러 번 읽었고 그의 글쓰기를 따르려 했고, 무엇보다 그의 실천적 삶을 본받고자 했다. "사람들의 잠을 깨워야 하는가, 그 깨어남이 고통스러울 때조차." 리영희가 여러 번 자문했던 화두, 그것은 노신이 『외침』이라는 책의 서문에서 제기한 것이었다.

"가령 창문도 없고 절대 부술 수도 없는 철로 된 방이 있다고 하세. 안에는 많은 사람들이 깊이 잠들어 있네. 오래잖아 모두 숨이 막혀 죽을 거야. 그러나 그들은 혼수상태에서 죽어가는 거니까 죽음의 비애 따위는 느끼지 못하는 걸세. 이때 자네가 큰 소리를 질러서, 그들 중에 다소 의식이 또렷한 몇 사람을 깨웠다고 하세. 그러면 불행한 이 소수의 사람들에게 살아날 가망도 없는 임종의 고통만 줄 터인데, 그럼 자네는 그들에게 미안하지 않겠는가?", "그래도 몇 사람이라도 깨어난다면 그 철로 된 방을 부술 수 있는 희망이 전혀 없다고 할 수 없지 않은가?"

리영희는 이 글을 읽다가 "눈을 뜨고 정신이 번쩍 드는" 체험을 했다고 했다. 노신의 글은 "두말할 필요도 없이 장제스 총통 치하의 중국 사회를 풍자한 글"이었는데, 그 상황이 박정희 치하의 자신에게 곧바로 다가왔다는 것이다. 70~80년대 선배들에게 그가 그랬듯이, 노신은 그에게 하나의 지진이었다. 리영희는 『自由人, 자유인』에서 이렇게 말한다. "의식불명 상태로 누워 있는 사람들을 흔들어 보고, 소리를 지르고, 철로 된 방의 벽을 두들기다 주먹에서 피가 흐르면 온몸으로 부딪쳤다. 온몸에서 피가 흘러 정신을 잃었다가 깨어나면 내가 있는 곳은 형무소라는 철로 된 방이었다." 간혹 그가 깨운 사람들은 그와 마찬가지로 철로 된 방에 갇히게 되었다. 그리고 그들은 그와 똑같은 고통을 겪어야 했다.

의식화의 은사는 별 수 없이 고통을 주는 사람이다. 그는 진실의 이미지를 제시하는 것이 아니라 진실을 볼 수 있는 시력을 일깨우고, 진실한 판단을 내려 주는 사람이 아니라 진실을 판단할 수 있는 능력을 일깨우는 사람이다. 그러나 그것은 기존의 이미지가 뒤틀리고, 오랫동안 주입된 신념 체계와 가치관이 붕괴되는 고통을 수반한다. 무엇보다 그는 자기 자신이 수면 상태, 더 나아가 노예 상태에 있음을 철저히 자각하게 한다. 노예가 스스로 노예 상태에 있음을 자각하는 것은 무척이나 고통스러운 일이다. 계몽에 필요한 첫 번째 용기는 자기 상황을 똑바로 보는 것이다. 리영희는 노신에게 그것을 배웠다고 말한다. "그는 민족적 결점과 약점을 미화하거나 은폐하거나 합리화하거나, 심지어 정당화하는 값싼 '과잉 민족 지상주의'를 거부해요. 그 모든 약점들을 있는 그대로 드러내어 중국 인민 대중의 눈앞에 잔인하리만큼 적나라하게 보여주었어. …… 중국 민족이 자신의 내면적 결함을 직시하도록 함으로써 그것을 극복케 하는 목적에서 쓴 거지요."

우리는 바닥까지, 아니 바닥 아래까지 나아가야 한다. 스승은 그것을 유도한다. 노신의 전기를 쓴 다케우치 요시미는 이런 말을 했다. "대부분의 사람들은 노신이 절망했을 때 절망하지 않았다. 그렇기 때문에 사람들은 어리석은 무리가 되었다." 사람들은 자신의 바닥 그 아래까지 나아갔을 때에야 비로소 자기 존재의 변화를 체험한다. 그때 의식화가 일어난다.

그런데 의식화가 일어난 바로 그 순간부터 스승은 더 이상 스승이기를 멈춘다. 그는 함께 깨어 있을 뿐이다. 스승과 제자가 구별되는 것은 한쪽이 '깨어 있고' 다른 쪽이 '잠들어 있을 때'만이다. 나머지 한쪽이 깨어나는 순간 그들은 사유의 동료, 해방의 동료가 되는 것이다. 결국 가르친다는 것, 더 정확히 말해서 '배우게 한다는 것'은 '깨어 있는' 동료를 늘리는 일이라 할 수 있다. 명나라 말기 사상가 이탁오의 말이 생각난다. "스승이 아닌 자는 친구가 될 수 없고, 친구가 아닌 자는 스승이 될 수 없다."

사람들이 의식화된다는 것은 리영희를 닮은 사람들이 많아진다는 것을 의미한다. 리영희와 같은 생각을 갖진 않지만 그와 더불어 '의식화된' 사람들이 많아진다는 말이다. 그것이 그의 범죄였다. '의식화의 은사'는 항상 '의식화의 원흉'으로도 불렸다. 그의 범죄는 엄밀히 말하자면, '범죄를 야기한 범죄', 일종의 '메타 범죄'였다. 그는 자기가 저지른 일만큼이나 다른 이들이 저지른 일에 대해서도 범죄성을 추궁받았다. 예컨대 1982년 '부산 미문화원 방화 사건' 때 재판정에 선 이유가 그랬다. "난 모든 사건에 직접적으로 관계한 일은 없지만 거의 모든 사건의 '간접적 주범'이 됩니다. 주범인 문부식, 김은숙 두 사람의 재판에도 나는 증인으로 불려 나갔어요. 내 책을 보고 그런 생각을 했다고 그들이 진술했으니까."

민주주의, 그 영원한 의식화를 위하여

독재는 어떻게 타도되었는가. 민주주의는 어떻게 찾아왔는가. 리영희는 도저히 무너질 것 같지 않은 철 방이 어떻게 뚫렸는지에 대해 이렇게 말하고 있다. "손바닥만 한 크기의 관 속 같은 그 철 방에 있는 것은 나 혼자였지만, 그런 관 속에 들어 있는 학생, 노동자, 지식인은 전국에 수백 명, 수천 명이었나. 그들 중 적지 않은 수가 나의 몸부림으로 잠을 깼고, 그리고 나와 같은 정신으로 그들의 이웃의 잠을 깨게 하려다가 철 방 속에 갇히게 된 것을 알게 되었다. 해마다 그 수는 늘어났다. …… 〔그리고〕 이승만과 박정희의 대를 이어 제3의 장제스가 되려 했던 전두환도 성난 민중에 의해서 쫓겨나는 소리가 들렸다. 철로 된 방에는 구멍이 뚫렸다. 그 구멍은 아직 사람이 빠져나갈 만한 크기는 아니지만 적어도 숨을 쉬고, 빛을 보고, 주먹이 나갈 만한 크기는 되었다."

도저히 무너뜨릴 수 없을 것 같은 철 방을 무너뜨린 것은 깨어난 자들의 끊임없는 증식이었다. 처음에 몇 사람이 깨어났고 다음에 그들이 또 몇을 깨웠다. 그런 집단적 각성, 집단적 의식화가 결국 철 방을 부수고 민주주의를 가져왔다. 즉 의식화와 민주화는 다른 말이 아니었다. 우상과 신화가 지배한 독재와 냉전의 시대가 사유의 부재, 사유 불가능의 체제였다면, 민주주의란 집단적 사유의 체제, 집단적 각성의 체제라고 부를 수 있을 것이다. 리영희가 힘주어 말했듯이, "민주주의는 그 자체가 적극적 가치이고 원리다. 민주주의는 그 자체 속에 무한한 창조의 에너지를 가지고 있다." 민주주의는 금지와 부정, 반대의 체제가 아니다. 어떤 선험적인 제한을 두지 않는, 자신의 모든 전제들을 다시 의심하고 사유할 수 있는 체제, 그 어떤 것도 가능한 순수 잠재성의 체제, 그것이 이념적으로 민주주의라고 할 수 있다.

많은 이들이 리영희의 사유를 '인간주의'라는 이름으로 불렀다. 그 누구보다 리영희 자신이 그렇게 불렀다. 하지만 이 '인간주의'라는 것은 '인간적인 것'이 무엇이었느냐에 따라 의미가 아주 달라질 것이다. 리영희의 인간주의, 그것은 인간을 중심에 두고 인간을 모든 존재에 우선한다고 믿는 '인간중심주의'와는 거리가 멀어 보인다. 그에게 '인간'의 반대물은 동물도, 식물도, 무생물도 아니다. 그는 인간의 부정을 '노예'라고 불렀다. 그리고 자유야말로 인간 존재의 전부라고 했다. 따라서 '인간이 된다'는 것은 노예로부터 벗어나 자유인이 된다는 것을 의미한다. 사고 정지, 조건반사의 상태에서 벗어나는 것, 집단적 각성이 일어나는 것. 노예로부터 자유인으로 변화하는 것, 나는 이 집단적 과정을 민주화라고 부른다. 나는 리영희의 인간주의에 대한 물음이 사실상 민주주의에 대한 물음이라고 생각한다. 그리고 이 물음은 결코 끝날 수 없다고 생각한다.

리영희의 시대가 끝났는가. 그가 여전히 날카로운 글을 쓰고 있다는 이유를 들어 그것을 부인하는 사람들이 있다면 그것은 아마도 잠시만 가능할 것이다. 그런 의미라면 그의 시대는 끝날 것이다. 또 그의 말과 글을 방부 처리해서 마음속에 영원히 간직하려는 제자들이 있다면, 그렇게 해서 리영희 시대의 종언이 부인될 수 있다고 믿는다면, 차라리 그의 시대는 빨리 끝나는 편이 나을 것이다. 우상화야말로 우상 파괴자에 대한 최대의 복수일 것이므로. 그러나 리영희 시대의 종언에 대한 부인이, 리영희를 포함해서 우상이 되는 그 어떤 것도 용납하지 않겠다는 우상 파괴의 의지에 대한 것이라면, 그리고 사유하기를 가로막는 우상에 맞선 각성과 의식화의 지속적인 노력에 대한 것이라면, 다시 말해 민주주의의 영원성에 대한 물음이라면, 우리는 리영희의 이름으로 기꺼이 그 영원성을 승인할 수 있을 것이다.

리영희와
책 읽기

책 읽기와 청년, 그리고 자유

천정환

성균관대학교 국문학과 교수. 저서로 『근대의 책 읽기』, 『끝나지 않는 신드롬』, 『대중지성의 시대』, 『혁명과 웃음』(공저), 『근대를 다시 읽는다』(공저) 등이 있다. 현재 성균관대학교 국어국문학과 조교수(소설 및 문화론 담당)로 재직 중이며 한국 근대 문화사와 현실의 문화연구를 병행하고 있다.

리영희라는 필독서

흔히 책 읽기를 일상(사)과 풍속, 또는 막연히 '문화' 영역의 문제로 간주하기 쉽다. 그러나 소위 근대가 개막된 이래 폭압적인 권력이 '인간'을 지배해 온 한반도에서 책 읽기는 '정치'와 '자유'의 다른 이름이었다. 식민지 시대로부터 군부독재 시대에 이르기까지, 어떤 책 읽기는 읽는 자들에게 언어와 의식의 도약과 전 존재의 기투企投를 의미했다. 머릿속 사상과 양심까지 심문하려 드는 신경증적인 지배와 국가보안법과 같은 법체계가 존속해 왔기 때문이다.

강준만은 『한국 현대사의 길잡이 리영희』의 서문에서 1970~80년대 학생·청년들에 대한 리영희 책의 영향력을 다음과 같이 간명하게 요약해 두었다.

> 멀쩡하던 대학생들이 리영희의 책만 읽으면 충격을 받고 이상하게 변해 갔다. 자신과 가족을 위해 좋은 직장을 얻기 위한 공부에만 몰두하겠다던 '청운의 꿈'을 내던지고 진실과 인권과 상식의 가치에 입각해 이 사회와 나라를 걱정하기 시작했다. 자신과 가족의 안전에 개의치 않고 '빅 브라더'가 해선 안 된다고 규정한 말과 행동을 악착같이 하려고 들었다. 학생들의 그런 변화를 가리켜 '의식화'라고 했다. 젊은 학생들이 그런 자세를 갖는 것이 바람직하다고 본 사람들은 리영희를 '의식화의 은인'이라 불렀고, 병영 체제 수호를 위해 애쓰는 사람들은 '의식화의 원흉'으로 보았다. (강준만, 『한국 현대사의 길

잡이 리영희』, 6쪽)

70년대 후반, 혹은 80년대 초반의 학생·청년들은 군부독재가 은폐해 놓은 어떤 '진리'를 리영희의 책에서 발견한 것이다. 그래서 그들은 '자유'로운 존재가 된다. 즉 세계와 자신에 대해서 '자기의식'을 가진 존재가 되어, 지배 이데올로기에 찌든 부모나 학교 선생의 영향에서 벗어나는 과감한 모험에 나서는 청년이 된다. 이 집단적 모험이 바로 1970~80년대의 저항이자 운동이었다. 위 인용문이 묘사한 것은 한 시대의 정신사·문화사의 풍경임이 분명하다.

'자기의식'을 갖는다는 것, 거대한 사상에 지적·윤리적으로 동화된다는 것, 그리고 그것을 타자와 공유하거나 또는 남에게 전한다는 것. 책 읽기는 곧 그런 행위 자체의 다른 이름이다. 그리고 그때, 어떤 책들은 그냥 종이 뭉치이거나 문장의 집합체가 아니게 된다. 그것은 마치 살아 있는 어떤 인간과 같다. 우리는 그 시절에 어떤 이들과 조우함으로써 우리 생을 만들고 또 바꿔 왔다. '그/책'은 젊은 날의 성마른 열정과 숭고한 영성을 상징한다. '그/책'은 한 시대를 표상하는 이름이며 존재다.[*] 강준만의 언급에서처럼 70년대 후반, 80년대 초반의 '그/책'은 바로 리영희의 『전환시대의 논리』였던 것이다.

그러나 오늘날 '리영희'라는 '필독서'를 아는 대학생은 거의 없다. 그래서 '리영희와 책 읽기'는 바로 책 읽기와 자유(혹은 정치)의 역사 문제를 다룰 소재가 된다. 리영희 책 읽기, 또는 리영희 책 읽지 않기는 20세기를 건너 21세기를 살고 있는 우리들의 정신사로서, 세대 사이의 단절과 연속도 포함하고 있다. '리영희와 책 읽기'는 책 읽기와 자유를 핵으로 하여 적어도 다음과 같은 세 가지 차원으로 이뤄진다. (1)리영희 자신의 책 읽기 (2)리영희가 쓴 책 읽기 (3)리영희가 쓴 책을 읽지 않기. (1)~(3)은 모두 청년의 것이다. 노인들도 책을 읽기는 하지만, 청년처럼 책 때문에 존재를 걸거나 모험을 떠나지는 않는다.

군사정권에 의해 총 아홉 번 연행되고 다섯 번 구치소에 가고 세 번 재판받고 언론계와 대학에서 각각 두 번씩 쫓겨난 기록적인 경험을 가진 리영희 자신은, '자유'의 의미를 "구체적인 여러 조건 속에서, 생물적 존재이자 정신적 존재인 인간에게 그 반생명적이고 자유억압적 조건들을 보다 인간적 조건으로 만들어 가기 위한 변혁의 개념"(리영희, 『대화』, 505쪽)이라고 규정했다.

● 그래서 강준만은, 리영희 자신이 "자기 책이 더 이상 읽히지 않아도 되는 세상이 되기를 바랐다"고 말했지만, 그리고 실제로 "요즘 젊은 학생들이 리영희를 전혀 모르"지만, "리영희의 책들이 더욱 많이 읽혀지기"를 바란다고 했을 것이다.(강준만, 『한국 현대사의 길잡이 리영희』, 개마고원, 2004, 9쪽) 이런 '바람'은 단지 리영희 책의 뛰어난 '내용'이나 문학적 품격에서 비롯되는 것은 아닐 터이다. 그런 '바람'의 이유는 오늘날의 그 자신에게, 또는 그것을 읽은 과거의 '청년' 자신에게 있다. 내가 읽었던 책 또는 만났던 그 사람, 그 정신·열정에 대한 자기 투사가 이유라는 것이다. '그/책을 너도 만나기를 바란다'고 말하는 사람은 자기 존재의 계속적 증명과 확장을 원하고 있다. 즉 그런 사람은 뭔가 운동하는 상태에 계속 있을 것이다.

소년·청년기의 문학 독서

리영희의 구술 자서전인 『대화』에는 식민지 시대 소년 시절부터 중년기에 이르는 그의 책 읽기 역사가 구술돼 있다. 이 구술은 독서 문화사 연구자한테 여러모로 흥미롭다. 구술에서 등장하는 책 읽는 사람은 단지 리영희라는 개별자가 아니다. 책의 목록과 구술 행위 자체가 한국 문화사·지성사의 한 단면을 압축하여 보여주고 있기 때문이다. 우선 그 책의 목록들부터 보고 넘어가자.

1929년생인 그는 국민학교 고학년 때 아버지가 주문해서 본 일본 잡지 『추오고론中央公論』, 『카이조改造』, 『유벤雄辯』 등을 읽었으며, 경성공업학교 중학생이 되자 나쓰메 소세키 등의 시대소설과 역사소설 그리고 당시 중학생들에게 유행한 것으로 보이는 사무라이 소설 따위를 읽었다 한다. "일본 시인 이시카와 다쿠보쿠石川啄木나 사이조 야소西條八十 등의 시와 바쇼巴蕉의 하이쿠俳句, 그 밖의 번역된 서양의 시, 유려한 일본어로 번역된 『삼국지』를 비롯해 여러 중국 고전들", "코넌 도일의 '셜록 홈스'와 에드거 앨런 포의 단편소설들, 빅토르 위고의 『레 미제라블(아! 無情)』, 뒤마의 『몽테크리스토 백작岩窟王』" 등이 그들이다.(『대화』, 74~75쪽) "조선어로 된 우리 문학작품은 거의 읽은 기억이 없"다 했다.(『대화』, 57쪽) 이러한 증언은 1940년대 초에서 일제의 지배가 종식되던 시점까지 식민지 조선에서의 책 읽기 상황을 보여준다. 한글로 된 책이 추방되고, 조선인 청소년(정규 학교에 다니는 경우)의 교양이 일본어로 된 책에 의해 주조되던 때였던 것이다. 이들의 일본어 교양은 해방 이후 한국에서 형성된 지성의 성격에 꽤 오래 영향을 미치게 된다.

한편, 해방이 되자 상당히 다른 지적 풍경이 펼쳐졌다. 지적 갈증을 갖고 있던 조선인들은 일제와 재조 일본인들이 남기고 간 다양한 책들에 접근할 수 있었으며, 다시 (재)출간된 한글 서적들도 새롭고도 또 다른 문화적 욕구를 형성·자극했다. 관련해서 리영희는 "일본·영국·미국·불란서 등의 원판 서적들과 그 밖의 수준 높은 책을 목마른 자가 샘을 찾은 듯이 정신없이 읽었"으며, 그런 한편 "김내성金來成의 『백가면白假面』과 『마도의 향불』" 그리고 "이광수李光洙의 『무정』, 『유정』, 박계주朴啓周의 『순애보』, 이상李箱, 이효석李孝石 등" 조선 작가들의 작품을 읽었다 했다. 청년시절의 리영희는 열렬한 문학독자이기도 하여, 해양대학 재학 시절에는 영미문학에 심취했다. "콜리지·브라우닝·존 키츠·예이츠·테니슨 등 빅토리아 시인들과 토머스 칼라일·조지프 콘래드·찰스 디킨스·에머슨·조지 기싱·토머스 하디 등 작가들의 작품을 무턱대고 읽었"으며 미국 작가들의 작품으로는 "로버트 프로스트·워싱턴 어빙·에드거 앨런 포·헨리 데이비드 소로 등"을 읽었다.(『대화』, 98~99쪽) 한국전쟁 시기에도 독서를 중단하지 않아 최전선의 병영과 참호 속에서도 책을 읽었다. "『안네의 일기』, 톨스토이의 『전쟁과 평화』 등의 일본어판, 그리고 몇 권의 영어판 도스토예프스키 작품들"(『대화』, 144쪽) 같은 것들이었다.

눈치 빠른 독자들은 이미 알아챘겠지만, 이제껏 거론된 소년·청년기의 독서 목록을 점한 거의 전부가 문학작품이다. 그 범위는 웬만한 문학 전공자보다 더 넓은 것이다. 이에 대해 리영희 자신은 해양대학에서 '전공'에 별반 관심이 없었다거나, "동족상잔의 의미에 대해서 생각하면서 전쟁의 인간 파괴의 문제가 늘 머리에서 떠나지 않았"(『대화』, 144쪽)기 때문에 그런 책 읽기를 행한 것으로 회고했다.

그런데 이와 같은 소년·청년기의 열렬한 문학책 읽기는 리영희만의 것은 아니다. 그 책들이 자신의 주관으로 선택된 것이라 해도 그렇다. 다시 말해, 그 책 읽기는 한 청년이 20세기 초 이 땅에서 향유된 '교양'과, 그것을 가능하게 한 세계적 차원의 문학주의 앞에 놓인 결과다. 그러한 독서는 기성의 '질서'가 소년·청년에게 요구하는 '교양'의 범주에 속하는 것이며, 근대 이후 세계의 고등교육을 받는 청년이 공통으로 경험하는 방식의 책 읽기다. 물론 리영희 개인, 그리고 한국인 청년의 역사적 조건과 특징이 그 안에서 변주된다.

1951년 봄 어느 날, 한 황인종 청년이 황량한 강원도 고산지대의 어두침침한 굴속에 엎드려 책을 읽고 있는 장면을 상상해 보라. 청년이 손에 든 문고판의 책등이 보인다. 거기에는 19세기 프랑스 화가 장 프랑수아 밀레의 그림 〈씨 뿌리는 사람〉에서 가져온 일본 출판사 岩波書店(이와나미쇼텐)의 로고가 박혀 있다. 그 위로 제목과 저자 이름이 있다. レフ·トルストイ 戰爭と平和다. 즉 톨스토이 작 『전쟁과 평화』의 일본어 역본이다. 청년이 입은 옷은 미제 군복이고, 청년이 찬 총도 미제다. 청년에게 이 조그만 문고본을 사다 준 것도 휴가로 도쿄에 갔다 온 미군 장교 청년이

다.(『대화』, 144쪽) 굴속까지 포성이 들려온다. 청년은 미국·소련의 대리전이라 할 수 있는 '동족상잔'의 잔혹한 현장에 끌려 나와서, 나폴레옹 때문에 씌어진 19세기 러시아산 '세계 명작'을 읽고 있는 것이다.

저 장면에 '교양'의 보편과 특수가 함께 녹아 있다. '평탄한' 삶을 사는 제1세계의 소년·소녀·청년들은 중고교와 대학에서 선생과 부모의 (명시적이거나 그렇지 않은) 지도에 따라 그 시대의 교양서적과 정전을 읽고, 그 위에다 대학생으로서 '전공' 지식을 쌓아 나가게 된다. 그런 연후에 직무와 '전문'에 필요한 책의 목록도 보태진다. 그사이에 '교양'은 아예 무용한 것으로 간주되어 없어지기도 하고, 다른 성격의 것으로 승화되기도 한다.

청장년기의 책 읽기

잔혹한 전쟁과 무려 7년간의 '군' 경험, 그리고 '문학'적 성찰이 합주合奏하여, 리영희의 책 읽기 바탕을 만들었을 것이다. 제대한 후 합동통신사 기자 시절에 드디어 국제관계 전문 저널리스트·사회과학자로서 리영희의 본격적인 '전공' 독서가 시작된다. 1950년대 중반 이후다. 이때 그는 "영국 노동당 세동의 주산지 『뉴 스테이즈맨New Statesman』과 보수적인 『스펙테이터Spectator』, 미국의 진보적 주간지 『뉴 리퍼블릭New Republic』을 필두로, 미국의 좌파 이론지를 주로 발간하는 먼슬리 리뷰Monthly Review 출판사의 많은 저작들과 일본 이와나미岩波 출판사에서 발행되는, 자유주의적·진보적·사회주의적 성격의 서적들", 그리고 "장 폴 사르트르가 편집인을 맡고 있는 『레 탕 모데른(현대)』"을 통해서 세계가 어떻게 돌아가는지를 '먼저' 알고 '깊이' 알리는 역할을 외신 기자로서 수행하려 했던 것이다.(『대화』, 195~197쪽)

특히 리영희가 국제 담당 기자로서 대활약한 1950년대 후반, 1960년대 초반은 아시아·아프리카·남미 등 제3세계 약소국에서 민족·민중혁명이 일어난 시대였다. 그는 이 혁명들이 내포한 세계사적 의의에 눈 떴고, 여기에 고무되며 "자본주의와 자본주의적 사회의 제반 특성에 대한 대안적 세계관을 모색하는, 수준 높은 교양서적"을 읽었다 한다. 또한 "영국의 해럴드 J. 라스키의 『근대국가이론』을 비롯한 그의 대부분의 정치·사상·철학 관계 저서", "J. R. 힉스의 『세계경제론』, 콜의 『사회주의 경제학』, 그리고 당시에 한창 유명했던 모리스 돕의 『정치경제학과 자본주의』", "라이트 밀스의 『파워 엘리트The Power Elite』" 같은 당대 영미산 사회과학 서적이 인식을 심화시키는 공부거리가 되었다 한다.(『대화』, 196~198쪽)

짚고 넘어가야 할 것은 이 단계에서 거론된 책들도 거의 모두가 영어·프랑스어·일어로 된 외국 책이라는 점이다. 여기서 리영희가 언급한 책 중에 한글로 된 것은 월간지 『사상계』 정도밖에 없다. 왜 그럴까? 해방 이후부터 한국인은 스스로(!) 대학 제도와 모든 분야의 아카데미즘을 새롭게 정립·구축해야 했다. 식민지 시대 일제는 조선인들에게 수준 높은 아카데미즘을 극히 제한적으로만 허용하였고, 생산된 지식을 조선인을 위해 쓰지도 않았다. 그래서 고등교육을 받아 학문을 재생산할 수 있는 자격을 가진 '국내 필자'는 몇 사람 없었다. 인문·사회과학뿐 아니라 모든 학문 분야가 다 그랬다고 해도 과언이 아닐 것이다. 따라서, 참고할 만한 서적이건 학제건 모든 것은 또다시 수입된 것이어야 했다. '해방'이 됐지만 여전히 그랬다. 앎의 식민성은 다른 방식으로 재구조화되었던 것이다. 물론, 이때의 '수입'을 통해 한국인의 지적 역량은 일제시대 때와는 다른 방식으로, 또한 한국인 스스로의 역량과 제도로서 축적되기 시작했다.

이 단계에서부터 리영희의 독서열은 단지 애서가나 '교양인'의 정열이 아니라, 어떤 사명감에 의해 지펴진 것으로 보인다. 그것은 복잡한 국제 문제의 맥락을 공시적·통시적으로 파헤치기 위한 공부였다. 그가 합동통신사와 조선일보 외신부에서 근무하던 때의 한국이란, 미국의 신식민지이자 냉전체제의 모든 모순이 응결된 최빈국이었다. 그런 국가에서 세계가 어떻게 돌아가는지를 제대로 알기란 어렵기 마련이다. 게다가 가장 저열하고 종속적인 이승만·박정희 정권은 앎과 표현의 자유를 무자비하게 억압하고 있었다. 그는 남다른 소명의식을 지닌 저널리스트로서, '진실'을 알리는 데 필요한 독서를 했다.

요컨대 장년 이후 리영희는 국제관계 전문가이자 진보적 지식인으로서, 체제가 은폐·왜곡한 지식/정보를 누구보다 먼저 섭취하여 알리고, 그로부터 새 지식을 생산하여 한국의 상황에서 재맥락화하는 역할을 했다. 특히 리영희는 『사상계』·『창작과 비평』 등과 함께, 비판적 사회과학과 진보적 세계 인식을 '대중'에게 나눠 주는 동시에, 수립되고 있던 '학學'의 차원과 접속되게끔 한 공로자 중 한 사람이 아닌가 싶다.

그런 초입 단계의 독서가 30대 전후의 것인데, 그는 다음과 같은 방식으로 이 단계 자기 독서의 목적과 계통에 대해 술회하고 있다.

그 시기는 나의 20대 후반에서 40대 중반에 걸치는 기간이었구만. 오랜 군대 생활에서 느꼈던 지적 갈증을 언론계라는 지식사회에 들어와서 폭발적으로 해소시켜 나가기 시작합니다. …… 외신 기자라는 직업이 나에게 요구한 것은 바로 이 같은 감격적인, 전 인류적 생존의 모든 행태에 대한 뜨거운 공감과 깊은 지적 이해와 사상적 일체감이었으니까. …… 세계적 약동과 호흡을 같이하기 위해서는 나에게 부족한 철학·역사·문화·종교·경제·정치·사회의 분야는 물론, 상당한 깊이의 군사학까지도 파고들어야 했어. …… 이런 필요로 내가 거친 독서의 목록은 방대하지만 몇 가지 분야로 나눌 수 있어요. 첫째는 직업상 필요한 국제정치와 국제관계에 관한 자료·정보·논문 서적들, 둘째는 제국주의 역사·식민지 해방투쟁·사회혁명, 그리고 사회주의 이론과 실제 상황에 관련된 서적들이었어. 셋째는 좀 더 직접적이고 구체적인 사항으로서, 여러 대륙에서 일어나는 개별 국가들의 혁명의 특수성에 관한 정보와 현장 지식이었고."(『대화』, 290쪽)

저기에 포함된 독서의 구체적 내용보다도, 저렇게 자기 독서에 대해 생각하고 말할 수 있다는 그 자체가 특별하고 교훈적인 것이 아닐 수 없다. 독서가뿐 아니라 세상살이하는 모든 이에게 그렇다.

왜냐? 우리가 학생에서 '직업인'이 되고 '교양'에서 '전문'으로 넘어갈 때, 혹은 청년에서 장년으로 넘어갈 때, 우리의 앎과 독서는 길을 잃고 위기에 처하기 십상이다. 어떤 이는 아예 책을 완전히 손에서 내려놓기도 한다. 주로는 생계 활동의 고달픔 때문인데, 많은 한국인들이 한 달에 책 한 권도 못 본다. 어찌 보면 이는 인생 자체의 행로가 위험해지는 것과 다르지 않은 과정일지 모른다. 우리는 이때 젊은이로서의 열정과 '꿈'을 잃고, 밥벌이와 기성 질서의 노예가 될 수 있다. 그런데 리영희의 말은 그러할 때 책 읽기가 어떤 것이어야 하는지를 가르쳐 준다. 그것은 자기 생과 앎을 소명을 지닌 프로젝트로 만드는 것, 또한 그것을 늘 또렷이 스스로 의식하고, 스스로 설정한 지적 과제를 충일하게 채워 나가는 책 읽기다. 그럴 수 있다면 '공부'는 누가 시키지 않아도 알아서 하는 평생의 '내 공부'가 되는 것이다. 물론 저와 같은 발상을 해내는 것이 무엇보다 우선 어렵고, 그것을 실천하는 것도 어렵다.

『대화』에 나타난 리영희의 자기 독서사史에 대한 구술은 정교하고 상세하다. 이 또한 자신의 책 읽기를 의식적인 프로젝트로 사고했기에 가능해진 듯하다. 대저, '그때 뭘 읽으셨고, 어떻게 읽었나요, 뭐가 재밌었나요, 그래서 어땠나요?' 따위의 질문 앞에서 당혹해하지 않고 자기가 읽은 것의 계통과 체계, 그리고 자기에게 준 영향에 대해 말할 수 있는 사람들은 흔하지 않다. 무엇보다도 대부분 사람들의 책 읽기 자체가 목적의식이나 체계가 별로 없고, 기억력에도 한계가 있기 때문이다. 책을 보관하고 모으는 장서가는 많지만, 책 읽은 기억을 모으고 분류하는 사람은 많지 않다. 리영희는 물론 기억력도 비상하지만, 독서 목록을 정리하고 자기의 지적 여정 자체를 돌아보는 작업에도 남다른 노력을 기울인 듯하다. 이런 노력이 없다면 체계적인 '기억'은 어렵다고 생각된다.

리영희의 구술 자체가 개인을 넘은 한국 지성사의 서술인 것도 이런 점과 연관되어 있다. 그는 자신의 독서를 당대의 문화-정치의 맥락에서 비롯된 것으로 말하고 있다. 이를테면 해방이 되어 일제가 물러난 거대한 정치사적 변동이 야기한 독서 문화의 변화와 자신의 대학 시절 책 읽기를 연관 짓고, 1960~70년대에는 베트남전쟁과 문화혁명으로 요약되는 아시아 대륙의 정치적 변동으로 자신의 책 읽기를 맥락화하고 있다. 물론 이러한 사고와 구술은 '현실'과 책 읽기를 동시에 사고할 수 있는 지성에 의해 가능한 것이다.

리영희 읽기, 또는 읽지 않기

『전환시대의 논리』의 힘

"사회과학 서적으로는 처음 베스트셀러"(『대화』, 446쪽, 임헌영의 말)가 된 책이라는 『전환시대의 논리』(1974)가 한국 사회에 끼친 영향에 대해서는 여러 차례 언급되어 왔다. 근자의 조사에서도 이 책은, 『해방전후사의 인식』·『태백산맥』과 더불어 해방 이후 "한국 사회에 가장 큰 영향을 준" 국내 저술로 꼽혔다.(「한국의 지성, 금서가 키웠다」, 『경향신문』 2007년 4월 29일자) 확실히 이 책은 70년대 중후반~80년대 초반 학생·청년들(지금 50대

초중반의 나이가 된 사람들이다)에게는 실로 대단한 영향을 미친 듯하다. 서두에서 강준만의 글을 언급했는데, 유시민도 대학에 들어가서 만난 '지하대학'(즉 언더써클)의 1학년 1학기 필독서가 『전환시대의 논리』였다면서 이 책이 "철학적 개안"을 하게 한 "인생의 교과서"(유시민, 『청춘의 독서』, 35쪽)라 했다. 리영희 자신은 당대의 독자들에게 끼친 이 책의 영향과 그 사회적 문맥에 대해 다음과 같이 말한 바 있다.

> 해방 이후 반세기 가까운 세월을 인류 사회에는 오직 광적인 반공주의적 가치관과 병적인 극우적 세계관밖에 없는 줄 알고 살아온 한국인들에게 그것과는 반대인 것, 때로는 그것보다 훨씬 높은 가치와 가치 체계, 그것과 다른 인간적 사유와 존재 양식도 있다는 사실, 그리고 그런 것으로 이루어진 사회와 국가들이 많다는 현실 등을 처음 알게 된 거지요. 그러니까 정신이 몽롱해질 정도로 큰 충격을 받은 거지. 잠깐 사이에 그런 경험을 말하고 또 감사해하는 편지가 수백 통이나 배달돼 왔어요. 그러니까 의식화된 거지. 정권이 긴장한 것이 당연하지.(『대화』, 445쪽)

즉 이 책은 '우상 파괴'를 행하고 '사실'로써 그 '의식'에 큰 충격을 가하여, 청맹과니처럼 비이성적 반공주의와 폭압에 억눌려 있던 한국인들을 깨어나게 한 책이다. 좀 더 큰 맥락에서 이 책은 '대한민국'의 근본적 정체성 혹은 자기 인식에 관한 책이다. 그런 점에서 『전환시대의 논리』는 "한국 사회에 가장 큰 영향을 준" '80년대의 책'인 『해방전후사의 인식』,

『태백산맥』과 비슷한 점을 지니고 있다. 이들은 모두 '대한민국'의 발생적 기원을 들추고, 북한과의 관계 속에서 '대한민국'의 자기 인식을 재조정하게끔 한 책들이다.[*] 비판적 사회과학의 힘은 대단한 것이다. 그것은 '구조'와 '역사'를 동시에 드러내고 '현상'의 배후에 숨은 지배의 의도와 물질적 관계를 드러내 준다. 1980년대에 최초로, 그리고 전면적으로 '대한민국' 자체가 바로 그런 인식의 대상이 된 것이다. 물론 이는 1960~70년대 이후에 축적된 다방면의 지성知性의 물줄기가 함께 합류한 과실果實이기도 하다. 자기의식의 재조정은 필연적으로 새로운 가치를 창출하기 마련이다. 그것은 바로 '민주', '민족', '민중'이었다. 이런 인식 덕분에 '대한민국'은 새로운 국가가 될 수 있었던 것이다.

이 가운데『전환시대의 논리』가 특별한 것은, 총 6부로 구성된 그 내용의 상당 부분이 대한민국을 둘러싼 국제관계와 동아시아 정세에 대한 분석에 바쳐짐으로써, 미국·일본을 위시한 강대국 사이에 낀 '대한민국'의 위상을 재발견하고, 또한 한국인들로 하여금 그 자신을 또 다른 가장 가까운 '이웃'인 중국과 베트남을 통해 다시 인식하게 했다는 점일 것이

---

[*] 이들 책이 그 이전까지의 한국(인)론과 얼마나 차원이 다른 것인지, 1960~70년대의 또 다른 '필독서'였던 이어령의『흙 속에 저 바람 속에』같은 류와 비교해 보면 당장 드러난다. 이는 한편 동어반복적이며 오래된 민족성론을 문화 기호론으로 장식하고 있지만, 기실 그것은 '서구의 시선'에 의해 내면화된 (신)식민지인의 분열증을 드러낸 것이었다. 그런데 이 책은 당대의 대중뿐 아니라 지성인들에게도 대환영을 받았다. 민족을 생각하게 되면 곧 열등감에 사로잡히게 되는 그런 시대였던 것이다. 한편, 이런 측면에서 2000년대 초의『한국인의 정체성』,『당신들의 대한민국』,『대한민국사』같은 책과『전환시대의 논리』등을 비교해 볼 수 있을 것이다.

다. 특히 이 후자의 공로는 다른 어떤 책도 이루지 못한 선구적인 것으로 평가받고 있다. 70년대 후반, 80년대 초반의 청년·학생들은 '대한민국'의 '진실' 앞에서 새로운 차원의 열패감과 수치심을 느끼면서, 동시에 그러한 진실을 여전히 가로막고 있는 권력에 최대한의 분노를 느끼면서 이 책을 덮었으리라. 『전환시대의 논리』가 대학 1학년의 '필독서'였다는 증언은 80년대 초중반 학번들에게서도 들을 수 있다. 그러나 1980년대 중반부터 대학가에는 엄청난 지적·이데올로기적 변화가 일어나기 시작했고, 『전환시대의 논리』는 '필독'에서 '선택'으로 위치가 바뀌게 된다.

리영희 책 읽지 않기: 80년대의 정신사

6월 항쟁 당시 대학 1학년생이던 나도 『전환시대의 논리』에 감발하여 '의식'을 가진 세대는 아니다. 우리 세대는 리영희의 글을 주로 1988년 5월에 창간된 『한겨레신문』에서 읽었으나, 리영희나 '창비' 그룹 등을 '구세대'라 간주했던 듯하다. 6월 항쟁 전후 세대는 왜 서서히 『전환시대의 논리』, 『8억인과의 대화』 같은 책들을 내려 두게 됐을까?

　1974년에 나온 『전환시대의 논리』는 금서였다. 그래서 1980년대 초에도 이 책은 여전히 '우상 파괴'를 행할 수 있었다. 그러나 1980~87년에 대학생들은 이승만 이래 독재 체제가 세워 놓은 우상의 극장을 거의 '빛의 속도'로 모두 박살내고 있었다. 1980년대 후반이 되면, 청년·대학생들에게 이미 깨부술 우상이나 기성세대의 뼛속까지를 지배하는 콤플렉스는 없었다. '사회주의'의 논리 자체와 '북한' 체제에 관련된 육체적인,

양 방향의 레드콤플렉스 같은 것도 공공연히 위배함으로써, 20대들은 이 제껏 금지된 모든 것들을 돌파하고자 했다. 1986년의 전방 입소 거부 투쟁이나 건국대 사건이 그 예가 될 만할 것이다.

또 다른 한편으로 그것은 80년대 특유의 지적·세대론적 풍경과 관련된다고 생각된다. 거칠게 말하면 1980년대 중반 이후 대학생들은 세칭 NL 대 PD로 갈라져서, 거대하고도 촘촘한 '조직'을 만들어 '적'과 정면으로 맞서 싸웠고, 때로 서로 싸웠다. 그들 '조직'이라는 집합적 주체성의 내용은 각각 '주사' 혹은 '과학적 사회주의'라는 기표로 대표될 수 있다. 양자는 한때 대학과 노동 현장에서는 물론, 대한민국 사회를 지배한 기성의 모든 가치와 맞장 뜰 위력을 발휘했다.

NL은 주체사상과 북한 체제에 대한 동조, 종족적 민족주의와 반미주의, 통일 지상주의 등을 '사상적' 내용으로 삼은 그룹이다. NL의 논리는 그들의 원본原本인 주체사상 자체가 그러하듯이 쉽고 단순하며, 다분히 비지성적인 데가 있다. 오히려 그래서 그들의 '주의'는 대중적이고 실용적인 면도 강했다(심지어 지금도 그런 전통이 남아 한국 사회운동의 일각을 특징짓고 있다). 그런데 알다시피 NL 그룹은 1986년 4월부터 뿌려진 일련의 문건, 즉 '강철서신'이라는 별칭을 가진 팸플릿 덕분에 학생운동·노동운동의 전체 판도가 바뀔 정도로 확산되었다. "주체철학, 한국혁명투쟁사, 정치경제학"이 활동가가 공부해야 할 3대 과제라 제시하며, "북한의 해방된 프롤레타리아트를 보고 가슴속에서 우러나오는 감동과 연대성을 느끼지 못한다면 이런 사람은 다시 한 번 자기 자신과 자신의 삶에 대해 반성

할 필요가 있다"(김영환, 「노동해방문학의 힘찬 전진을 위해」, 『강철서신』, 45
쪽)고 주장했기 때문일까? 김일성 주석도 이 '윤리적' 운동론을 읽었고
저자를 만나보고 싶어했다 한다. 그래서 훗날 실제로 김 주석을 '알현'하
게 된 김영환은 당시 서울대 법대 4학년, 그러니까 불과 스물세 살의 새
파란 대학생이었다.

한편 PD라 범칭되는 '좌파'는 계급 환원론적인 논리와 레닌주의 조
직론, 그리고 동구와 제3세계에서 발전한 비판사회과학 및 일부 '서구 마
르크스주의'를 원용할 수 있는 지知를 갖고 있었다. '강철서신'만큼은 아
니지만, PD 그룹의 확산에 공헌한 문헌의 예로『사회구성체론과 사회과
학방법론』이라는 책이 있다. '사사방'이라는 애칭으로 불리며, 매우 논쟁
적인 사회구성체론·변혁론을 담은 이 책은, '노동계급' 그룹의 활동가인
'이진경'에 의해 씌어졌다. 그도 김영환처럼 82학번, 책이 나올 때 불과
스물네 살의 서울대 사회학과 대학원생이었다.

20대 초반의 청년이 전 운동권에 영향을 끼칠 수 있는 책을 써낼 수
있는 시대였던 것이다. 80년대 중후반의 학생들은 리영희 같은 경험 많고
나이 든 스승을 경유할 필요가 없었을 것이다. 아마도『전환시대의 논리』
같은 책은 일종의 '교양서' 역할을 했을지는 모른다. 그러나 '전공'이나
당장의 '활동 지침서'들은 따로 있었다.[*]

---

[*] 강준만은 자기 세대의 사람들이 어떻게 리영희를 '극복'하기 위해 애썼는지도 써놓고 있다. 그러나 80
년대 후반 세대에게 이미 리영희는 극복해야 될 대상이 아니었다.

혹 오늘날의 대학생·청년 세대가 오해할까봐 덧붙여 놓는 건데, 여기서 말하는 '교양'과 '전공'은 물론 비유다. 이 '교양'과 '전공' 커리큘럼은 교수들이 마련해 줬거나 대학본부 수업과에서 모아 짜놓은 것이 아니다. 이는 학생회의 골간 단위였던 '학회'와 동아리 같은 대중적 단위나, 't' 혹은 'fam'이라는 등등의 이름을 가진 '비밀' 조직들에서 통용되고 발전된 것들이다. 이는 선후배가 뒤섞인, 그리고 과와 단과대학의 경계를 넘어서 학생들이 운영하던 온갖 조직들의 자율 학습 프로그램에서 나온 것이다.

80년대 후반에 대학에 들어간 세대는 1학년에 들어오면 '운동'의 윤리학과 감성을 기르는 데 필요한 『사이공의 흰 옷』(친구미디어, 1986), 『페다고지』(광주, 1986), 『아무도 미워하지 않는 자의 죽음』(민우출판사, 1987) 같은 외국 책과 『죽음을 넘어 시대의 어둠을 넘어』(풀빛, 1985), 『어느 청년 노동자의 삶과 죽음(전태일 평전)』(돌베개, 1983), 『어느 돌멩이의 외침』(청년사, 1984) 같은 책을 읽었다. 박노해·김남주·황지우·신동엽의 시편들, 『난장이가 쏘아올린 작은 공』(문학과지성사, 1976), 『태백산맥』(한길사, 1983~1989) 같은 소설도 '필독'의 목록에 있었다.[*] 그리고 『세계철학사』(중원문화, 1988), 『철학의 기초이론』(두레, 1986), 『사적 유물론』(새길, 1987) 같은 변증법적 유물론·사적 유물론 서적을 '학습'했다. 이들은 대

---

[*] 좀 더 레드콤플렉스가 강하거나 '순진한' 대학생들을 위한 『껍데기를 벗고서』(동녘, 1987), 『거꾸로 읽는 세계사』(푸른나무, 1987), 『청년이 서야 조국이 산다』(백산서당, 1989) 같은 책들도 있었다.

부분 옛 동구권에서 나온 '교과서'들이었다. 이런 정도는 80년대 후반(~90년대 초반)에는 1~2학년 학생들이라면 거개가 다 읽는 '교양'이 아니었나 싶다. 그런 뒤에 좀 더 본격적인 정치경제학 책을 읽고, 마르크스·엥겔스·레닌의 '원전'으로 나아갔다. 그중에서도 『포이에르바하와 독일고전철학의 종말』(백산서당, 1989), 『공산당선언』(백산서당, 1989) 같은 몇몇은 '교양'에 속해 있었다.

1987~89년에 「공산당선언」·「임노동과 자본」 등이 포함된 『맑스 엥겔스 저작선』(거름, 1988)과 『독일 이데올로기』(청년사, 1988), 그리고 「무엇을 할 것인가」가 든 『레닌 저작선』(거름, 1988), 『레닌 전집』(전진, 1989~) 같은 책들이 쏟아져 나왔다(물론 일부는 이전부터 복사물의 형태로 나돌았다). 국내 사회과학자들의 역량도 커져 있어서, 이 시기에 김수행 교수의 역본 『자본론』(비봉출판사, 1989)이라든가 『현실과 과학』(새길, 1988) 같은 잡지도 나왔다. 또한 『노동해방문학』, 『노동자의 길』, 『노동계급』 같은 '전위' 조직의 '기관지'들도 대학가 서점에 굴러다니던 때다. 이런 류의 책을 접한다는 것은 좀 더 본격적인 '운동권'이 되어 조직론과 사회구성체론 같은 복잡한 이론적 논의를 습득해 간다는 것을 의미했다.

NL이 되는 길을 걸은 학생들은 학년이 높아질수록 주로 항일 무상 투쟁사와 '주체사상'에 관한 책 등 북한산 '원전'을 읽고 '충성심'을 키우게 된다. 마르크스 레닌 원전이 그랬듯, 1980년대 말에는 북한 책들도 대거 남한 출판사에 의해 간행되었다. 『김일성선집』(대동, 1988), 『조선노동당략사』(돌베개, 1989)를 위시하여 『꽃파는 처녀』(아침, 1989), 『한 자위단원의 운명』(황토, 1989) 등 문학작품도 무더기로 나왔다. 북한사회과학원에서 낸 『조선전사』(푸른숲, 1988~1989)와 『민중의 바다』(원제 『피바다』, 한마당, 1988) 등은 1만 부 규모의 판매고를 기록했다 한다.(「출판운동 3세대, 사회변혁 운동권 논리 대중화 주도」, 『조선일보』 1989년 7월 21일자) 이때는 NL이 대중적 규모의 '북한 바로 알기 운동'(1988)을 벌이고, 임수경의 방북(1989) 등 남한에서 통일운동의 물이 한껏 올랐던 시절이기도 했다.

요컨대 1980년대 후반에는 리영희의 책보다 훨씬 '독한' 읽을거리들이 있었고, 이 시절의 청년 학생들은 당장 그런 지知를 '실천적으로' 필요로 했다. 이 문제에 관한 한, 노동운동에 뛰어들어 '존재 전이'한 리영희 선생의 딸(연세대 81학번)이 아빠를 '수정주의자'라 비판했다는 에피소드만큼 절절한 것이 어디 있을까?(『대화』, 291쪽) 80년대의 대학생들 중에는 '교조주의자'가 많았다는 것을 역으로 알 수 있다. 80년대적인 앎과 청년 문화의 공과功過에 대해서는 아직 객관적 평가가 내려진 적이 별로 없다.

그러나, 그 시대가 다시는 오기 힘들지도 모를, 독특하고 위대한 '세미나의 시대' 즉 자발적·공동체적 책 읽기의 시대라는 점은 움직일 수 없다.◉ 소위 '명문대생'부터 '3류 대학생'까지, 남한 땅 동북 끝 강릉에서 서남단의 제주도까지, 대학뿐 아니라 공장·야학·교회·사찰에 다니던 셀 수 없이 많은 청춘들이 '세미나'에서 같이 읽었다. 심지어 재수학원 종

◉ 한국사에서 이런 시대는 1920~40년대에 이르는 독서회의 시대와 비길 만하다.(천정환, 「1920년대 독서회와 사회주의 문화」, 성균관대 대동문화연구소, 『대동문화연구』 64, 2008 참조) 그러나 그 시대에 독서회에 참여할 수 있었던 인구의 규모와 질은 1980년대와 비교하기 어렵다.

합반 동기들의 독서 모임도 있었고, 고교 동문회에서 학습팀을 운영하는 경우도 있었다. 그들 중에는 그 시대가 아니라면 만들어지지 않았을 숭고한 영성을 가진 이들도 있었고, 또는 그 시대의 기운이 아니라면 '변혁'과는 전혀 무관한 삶을 살(결국 그렇게 된) 소심하고 비루한 영혼을 가진 자들도 함께 포함되어 있었다. 가히 '공부의 시대'이자 '책과 혁명'◉의 시대였기 때문이다. 그랬으니 '사회과학의 시대'나 '문학의 시대'는 저절로 따라 이뤄진 것이 아니겠나.

저 '같이 읽기'야말로 80년대식 책 읽기가 지닌 정치성의 핵심이며, '자유'의 다른 이름이다. 대통령과 문화부 장관, 그리고 학교 선생과 부모들이 읽지 말라고 금지한 것을 절대로 꼭 읽는 것, 기실 그 어른들은 겁이 나서 읽어 보지도 못한 것, 간혹 읽다가 잡혀가는 것, 읽고 흥분하여 어른들을 향해 돌 던지는 것, 숨기고 불태워야 하는 것. 그런 것을 길거리에서 어깨 걸듯, 같이 읽은 것 말이다. 그것은 억압성도 일부 함유한 거대한 집합성이었다.

오늘날의 책 읽기·청년·자유

오늘날의 청년·대학생들은 '책'과 '자유'(정치)를 그들의 삶에서 부차화시키고 있다. 또는 반대로 그들이 '책과 자유'(정치)로부터 점점 더 소외

◉ 프랑스혁명의 독서 문화사를 연구한 단턴의 책 제목에서 따온 것이다.

되고 있다. 인터넷·휴대폰 같은 새로운 미디어의 시대이자 신자유주의의 시대이기 때문이다. 기성의 질서는 그들에게 '정치적 자유'가 아니라 '정치로부터의 자유'를, 그리고 '경쟁의 자유'라는 가짜 자유를 무한정 선사했다. 이 가짜 자유는 그 자체로 속박이자, 모든 개적 불안의 근원이다. 기성의 질서가 허용하고 시혜하는 그 자유는 받아먹을수록 황폐해지고 속박이 강해지는 마약 같은 것이다.

물론 지금 시대의 청년·학생들도 진정한 자유를 꿈꾼다. 그리고 책을 읽는다. 이유는 다양하다. 그러나 자유의 근본적 조건에 대한 사유나 그것을 위한 실행과 동반되지 않는 책 읽기는 불완전한 것이다. 기본적으로 청년 세대가 가지고 누려야 할 자유정신과 자발성의 체계(즉 여러 종류의 '친구'들, 또는 스스로 생각한 커리큘럼)가 아니라, 기존 질서(부모·선생의 '권장도서', 그리고 '학점') 때문에 억지로 행해지는 책 읽기는 공허한 것이다. 이렇게 행해지는 독서가 나와 타자의 삶을 함께 좋게 바꾸는 데 쓰이기란 어렵다. 오늘날의 청년·대학생들은 리영희나 386의 시대와 전혀 다른 정치적·문화적 시공간에서부터 삶을 출발했기에, 과거의 준범을 따르라 할 수 없다. 그러나, '88만원 세대'라 불리는 그들은 집단으로서도 개별자로서도, 현상 타파를 강력히 필요로 하고 있다.

대학생들에게 자신의 책 읽기를 그르치거나 방해하는 가장 큰 요인이 무엇인지를 물어보면, '집중할 수가 없다', '안정적인 시간을 마련할 수가 없다' 외에 '어떤 책을 읽어야 할지 모르겠다'는 답이 많이 돌아온다. 비단 청년·대학생뿐 아니라, 대부분의 젊은 직장인에게 해당하는 일이지만, 자발적으로 무엇인가를 선택하고 '알아서' 수행해야 하는 순간, 그들은 '모른다.' 그러면서도 그들은 '자기'를 '계발'하기 위해 뭔가 끝없이 읽고 공부하고 있다. 경쟁에서 져서 '루저'가 될지 모른다는 불안 때문에 그렇게 한다.

강요된 경쟁에서 패배할 가능성이 높은 대다수는 스스로 자기 정신의 키를 낮추고 자본의 도구가 되는 종속을 택한다. 그것이 당장 안전해 보이기 때문이지만, 이는 결국 '자유로부터 도피'하여 '루저'로서의 삶을 완성하는 것이다. 반대로 '위너'의 자리에 갈 가능성이 있는 소수의 인간들은 자본의 운동 원리에 자기 삶을 합체시킨다. 그럼으로써 그들은 지배의 하수인이 되고 비인간非人間으로서 행동한다. 그러나 그들도 스스로에게 부과되는 불안을 결코 극복할 수 없다. '위너' 혹은 '위너'라고 착각하는 삶의 공허는 온갖 거짓된 장식물(경쟁에서 승리했다는 몇 가지 징표들)로 분장된다. 그중 가장 초-물질적인 것이, 학연 따위의 '위너'끼리의 계약(우정으로서의 연대가 아니라, 돈과 권력을 위한 가식적인 계약일 뿐인)이나 소망교회 신도증(한국적이며 현대적인 면죄부 발급 시스템) 같은 것일 터이다. 신자유주의적인 세속 (반)윤리의 틀, 즉 '루저' 대 '위너'의 이분법과 그 명명의 굴레로부터 벗어나지 않으면 모두가 패배한다. 필요한 일은 '경쟁' 바깥을 상상하거나 탈주하는 것이다.

그렇다, 우리도 '자기 계발' 해야 한다. 자기 자신을 긍정하는 방법을 알아야 하고, 직무 능력을 향상시켜서 직장 생활을 더 잘할 필요가 있다. 돈을 벌고 모으는 방법도 알아야 한다. 당연하다. 그러나 그와 동시에 '자기 계발'은 그야말로 '자기' 스스로의 내적 요구로부터 비롯되는 것이어야 하지 않을까? 자본과 '질서'는 우리를 소모품으로 이용해 먹다가 결국 버릴 것이기 때문이다. 그러하기에 '자기 계발'하는 힘은 성찰 가능하며 '지속 가능한' 단단한 자아를 만들고, 스스로 행복할 줄 아는 방법을 익히는 데 쓰여야겠다. 너무 당연한 소린가? 그러나 이런 힘을 가지는 것은, 10대든 60대든, 모두에게 언제나 어려운 일이 아닌가?

리영희처럼 어떤 사명감에 들려 자기 생과 앎을 프로젝트로 만드는 것, 또한 그것을 위해 늘 또렷이 긴장하고 스스로 설정한 지적 과제를 하나하나 채워 나가는 것. 이런 것을 배워 각자에게 적용할 수 있다면 좋겠다. 이 책의 42쪽을 다시 펴보라. 하지만 이런 방식으로 살고 읽는 것은 우리 같은 범인한테는 거의 불가능하다.

오늘날의 청년들에게 그 사명감과 프로젝트가 이전과 같은 의미의 '사회적', '정치적'인 것이기를 바라기는 어렵다. 모두가 마음속에 고시원 방 하나 짓고 사는 시대가 아닌가. 그러나 지知의 능력을 그 자체로 향상시키거나, 인간으로서의 윤리적·존재론적 과제와 이런저런 좌절감·열등감을 승화시키고, 생로병사와 같은 형이상학적 문제에 대해 궁구하기 위해서, 즉 '나'를 위해서라도 제대로 된 공부는 언제나 필요하다. 그뿐 아니라 취미와 관심사에 대한 앎을 더욱 확장·발전시켜 삶을 풍만한 것으로 만드는 일, 덧붙여 전문적인 직무 능력을 향상시키기 위한 공부와 독서도 물론 필요하다. 이런 공부의 필요를 자발적으로 깨닫지 못하면, '자유'도 그만큼 없는 것이다.

오늘날 자유의 사회적 의미 맥락은 바뀌고 있지만, 내 삶의 주인이 '돈'이나 정치권력이 아니어야 한다는 원리는 바뀐 바가 없다. 우리는 내 삶의 주인으로서 자서전 저자가 될 수 있어야 한다. 앞에서 살폈던 바, '그때 무슨 책을, 어떻게 읽었던가' 하는 것은 온전히 리영희 그 자신의 자서전 속에서 하나로 녹아 있었다. 우리도 나중에 나의 생을, 내 공부와 깨달음의 역사와 함께 술회할 수 있어야 하지 않을까? 아니 지금 당장에도, '왜 그 책을 읽는가'에 대해 좀 더 잘 말할 수 있어야 하지 않을까? 그래야 나의 책 읽기는 내 '자유'일 수 있을 것이다.

리 영 희 와
전 쟁

전쟁의 세기

김동춘

성공회대학교 사회과학부 교수. 저서로 『1960년대의 사회운동』, 『한국사회 노동자 연구』, 『한국 사회과학의 새로운 모색』, 『분단과 한국 사회』, 『근대의 그늘』, 『전쟁과 사회』, 『독립된 지성은 존재하는가』, 『미국의 엔진, 전쟁과 시장』, 『1997년 이후 한국사회의 성찰』 등이 있다. '진실·화해를 위한 과거사 정리위원회' 상임위원을 역임했다.

http://dckim.skhu.ac.kr

헤라클레이토스는 "전쟁은 모든 것의 왕이고 노예와 자유로운 사람을 만들었다"고 말했다. 즉 인간 사회에서 발생하는 일 중에서 전쟁은 최고의 위치를 차지하고 있으며, 지배와 피지배 관계, 즉 정치의 기본 질서를 좌우한다는 말일 것이다.

실제로 전쟁은 물질적인 모든 것을 파괴하고 새롭게 건설하는 계기를 만들어 주지만, 동시에 인간이 만들어 낸 모든 관계들도 파괴하고 새로운 관계들을 만들어 내기도 한다. 그래서 전쟁은 일종의 혁명이지만, 가장 파괴적이고 비극적인 방식으로 정치, 경제, 사회, 국제관계의 모든 것을 뒤집어 버린다. 그리고 역사상 모든 제국은 전쟁을 통해서 만들어졌고, 전쟁은 문명 전파와 문명 이식의 촉매제였다. 나폴레옹은 독일과 러시아를 침략하면서 프랑스 혁명을 수출하였다. 영국은 19세기의 인도 폭동에 대한 잔인한 진압 작전, 아프리카 쟁탈 전쟁과 보어전쟁을 치르면서 해가 지지 않는 제국이 되었고, 미국은 필리핀 침략을 시작으로 태평양·대서양 연안 양측에서 동시에 제2차 세계대전을 치르면서 영국을 대신하는 제국으로 등장했다. 한편 제1차 세계대전의 와중에 러시아는 사회주의 혁명을 겪었고, 2차대전을 거치면서 중국은 사회주의 민족 해방을 성취하였다.

1905년 러일전쟁에서 일본이 승리하면서 조선은 일본의 식민지가 되었고, 2차대전에서 미국과 소련이 승리함으로써 조선은 일본의 지배로부터 해방이 되었다. 그리고 이 강대국 간의 전쟁에서 별로 역할을 하지 못했던 조선은 해방과 동시에 분단이 되고 말았으며, 1950년 한국전쟁으로 남북한이 초토화됨과 동시에 휴전협정으로 남북한 대결 체제가 고착화되었다. 오늘의 한미 관계, 한일 관계, 남북한 대결 체제, 남북한의 대립되는 정치경제 체제는 모두 2차대전과 한국전쟁의 산물이라고 해도 과언이 아니다. 한국전쟁 휴전 이후 아직 한국은 북한과 전쟁 상태에 있다.

그리고, 조선인들은 태평양전쟁기 식민국가인 일본의 군 위안부, 병사와 군속, 노동자로 동원되어 노예의 삶을 살았고, 20세기 역사상 가장 참혹한 동족 간의 살상인 한국전쟁을 3년 동안이나 겪었다. 그 후 한국의 젊은이들은 1965년부터 10여 년 동안 남의 나라의 전쟁인 베트남전쟁에 동원되었다. 한국전쟁기에 징집되어 상이용사가 된 증조할아버지나 베트남전쟁에 참전했다가 고엽제 피해자가 되어 보상 한 푼 받지 못한 한국의 할아버지들은 여전히 자신의 증손자와 손자가 군대에 입대하여 이라크에 파병되는 것을 지켜보고 있다.

전쟁은 본디 '제국'의 프로젝트이며, 제국의 가장 중요한 정책이다. 그래서 강대국이 주도해 온 세계사는 전쟁사를 빼고서는 한 페이지도 쓸 수 없으며, 20세기 세계사와 그 와중에 버텨 온 한국 현대사 역시 이들 한반도 주변 강대국의 전쟁 프로젝트의 귀결이었다. 비록 근대 이후 한국인들이 외세를 침략하여 전쟁을 벌인 적은 없지만, 한반도 주변에서 벌어진 전쟁의 역사를 모르면 오늘의 국제정치의 연원, 한반도 분단과 남북 관계의 연원을 알 수가 없다. 또 스스로 원하지 않았음에도 불구하고 전쟁에 휩쓸려 간 한국의 현대사와 한국전쟁을 변수로 포함시키지 않는 사회과학, 한국전쟁의 정치학을 중요한 설명 변수로 고려하지 않는 국제정치학, 한국전쟁과 베트남전쟁을 동시에 살펴보지 않는 동아시아 역사 서술은 빈껍데기에 불과하다. 그래서 20세기에서 21세기를 걸쳐 살아오면서 한반도 주변에서 일어난 전쟁, 그리고 미국이 개입했던 동아시아 전쟁들이 오늘의 각국 현실을 어떻게 가져왔는지 물음을 제기하지 않는 지식인은 문제의 본질에 도달할 수 없다.

과연 그렇다면 한국인들 중 누가 이 20세기 한반도와 한국인들의 운명을 가장 심대하게 좌우했던 전쟁이라는 '최고의 현실'을 정면으로 마주한 다음, 그것을 필생의 작업 과제로 받아들였는가? 비록 베트남전쟁이라는 우회로를 통해서였지만, '자유세계'의 최전선임을 자처했던 한국의 군대가 베트남에 파병하게 된 현실과 대면하였던 1960년대의 젊은 리영희가 그러한 사람 중 하나였다. 그는 미군사고문단의 통역장교로 복무한 것을 포함하여 무려 7년 동안 군에 몸담았던 사람으로서 한국전쟁을 누구보다 진하게 체험한 전쟁 세대였다. 그는 '한국전쟁'이라는 최고의 현실을 미군의 지휘권 아래에 놓인 한국군으로 체험함으로써 한미 관계, 남북 관계, 한국 정치의 큰 물줄기와 만났다. 그러한 체험을 기초로 하여 이후 기자로서 베트남전쟁을 진지하게 살펴볼 수 있었다.

1960년대 들어 베트남전쟁이 확대되고 한국이 참전하게 되었을 때 지배하던 담론은 '보은론', 즉 미국이 우리를 도와주어 자유를 찾았으니 우리도 그 은혜에 보답하기 위해 베트남에 가야 한다는 논리였다. 그런데 리영희는 여기서 매우 명백한 논리적 허점을 발견하였다. 2차대전을 겪으면서 미국의 은혜로 나치의 마수에서 벗어난 영국은 왜 단 6명의 의장대만 베트남에 보냈느냐는 것이다. 이렇게 본다면 한미 관계를 설명하는 '혈맹론', 베트남 파병을 정당화했던 '보은론'은 허구임이 명백하게 드러난다. 즉 한국군의 베트남전쟁 참전은 한미 관계의 실상을 드러내 주는 리트머스 시험지와 같은 것이었다. 그리고 미국이 개입했던 베트남전쟁은 사실상 베트남 이전의 전쟁The War before Vietnam인 한국전쟁의 연장이었으며, 베트남전쟁의 본질을 정확하게 본다는 것은 그 이전의 한국전쟁, 나아가 동아시아와 한미 관계의 정치학, 한국의 정치와 사회 그 자체를 제대로 이해한다는 것을 의미했다. 다만 국내적으로는 냉전의 서슬이 시퍼렇던 당시의 정치 실정에서 남북한 분단, 한미 관계, 그리고 한국 정치의 기원과 본질에 대해 정면으로 문제를 제기할 수 없었기 때문에 그는 베트남이라는 우회로를 거쳤던 것이다.

사실 '국가'의 관점에서만 본다면 1960년대의 남베트남과 한국은 분명 북베트남과 북한으로부터 공산화 위협을 당하는 공통의 처지에 놓여 있었다. 그러나 한국을 헛되이 미국과 한 몸이라고 보았던 당시의 '제1세계론'의 시각을 벗어던지고 보면, 베트남전쟁은 프랑스·일본·미국의 지배로부터 벗어나기 위한 민족 해방 투쟁의 일환이었다. 남베트남 사람들이 당하는 고통은 군사독재와 부패, 그리고 종속국이라는 베트남의 현실에서 기인하는 것이었고, 그들은 강대국의 이해관계 때문에 자기가 살던 땅에서 죽음을 맞아야 했던 약소국의 백성에 불과했다. 식민 통치의 대리

자들이 또다시 지배자로 군림하는 나라의 독재, 부패, 부정의 현실을 '자
유'라고 말한다면 언어의 유희도 도가 지나친 것이리라. 이 오염된 언어,
잘못된 이름 붙이기에 대해 발끈하지 않는 지식인이라면 역시 거짓 지식
인일 것이다.

내전으로서의 한국전쟁, 식민지의 야만적 폭력에서 벗어난 지 5년도
안 된 시점에 발생한 한국전쟁은 양심을 가진 사람이 정면으로 대결하기
에는 너무도 힘겨운 현실이었으며, 리영희가 직접 목격하고 체험하였듯
이 반인간성, 비인간성, 비생명성 그 자체였다. 전쟁에서 잔인무도한 짓
을 저지르고도 아무런 죄책감을 느끼지 않는 군대에 대한 증오감 등을 느
끼면서 그는 평화에 대한 열망이 더욱 강렬해졌다. 전쟁이라는 최고의 현
실은 그것을 뼈와 살로 겪은 소수의 맑은 사람들에게는 필생의 숙제를 던
져 주었다.

정치로서의 전쟁

전쟁은 언제나 단순한 군사적인 사건이 아니라 처음부터 끝까지 권력 현
상이며, 정치적인 사건이다. 따라서 평화 역시 추상직이고 도덕적인 이상
이 아니라, 전쟁을 기획하고 추진하는 구체적인 정치적 지배질서의 변혁
을 통해서 달성될 수 있는 매우 구체적 목표다. 전시에 사용되는 무기는
인간의 손의 힘이 직접 가해지는 돌, 창, 화살에서 완전히 기계화되고 첨
단화된 전투로봇, 무인정찰기로 진화해 왔지만 언제나 전쟁을 기획하고

일으키는 주체는 군인이 아닌 정치가들이며, 그 정치가들을 사실상 뒤에서 움직이는 대자본, 경제적 이해 집단이다. 21세기에 들어서도 전쟁은 기계가 수행하는 것이 아니라 정치 집단이 판단하고 결정하며, 전쟁에서 죽이는 자와 죽임을 당하는 자, 승자와 패자, 가해자와 피해자, 돈 버는 사람과 패망하는 사람이 갈라진다는 법칙은 유사 이래로 한번도 변하지 않았다.

전쟁을 거치면서 한편에서는 만세의 영웅이 만들어지고 다른 편에서는 무명용사, 피학살자, 성폭력 희생자, 신체장애자, 외상 후 스트레스 장애PTSD를 앓는 수많은 무고한 민간인들이 역사의 뒤안길에 남겨진다는 전쟁의 논리와 본질은 변하지 않았다. 그런데 이 침략의 기획자들은 언제나 전쟁을 신성한 명분과 고상한 가치로 포장한다. 그리고 이제 장차 닥쳐올 전투에서 죽어갈지도 모른다는 두려움에 사로잡힌 나이 어린 병사들과 세상에 하나밖에 없는 귀한 자식을 전쟁터에서 잃어버린 가족들은 국가가 선전하는 이 고상한 대의와 가치, 펄럭이는 깃발과 애국가 합창에 스스로를 위무하고, 국가가 주는 알량한 급료와 사망자 위로금에 자위하면서 이 엄연한 현실로부터 눈을 돌리려 한다.

전쟁을 거치면서 수없이 많은 전승탑, 기념탑, 충혼탑, 위령탑이 만들어지지만 백성들은 그 탑들 앞에서 고개 숙일 여유도 없고, 또 전쟁이 다가오고 있다는 것을 알지도 못한 채 자신에게 겨냥될 총탄을 만드는 일에 동원된다. 설사 그 총탄이 자신과 자신의 가족을 전멸시킬 무기라고 해도, 약간의 급료와 보너스, 주식 배당액을 챙길 수 있다면 자청해서 그 일을 하려 한다. 전쟁의 참화를 몸으로 겪은 사람은 가능하면 자신이 겪은 전쟁을 기억에서 영원히 지워버리려 하며, 한번도 전쟁을 직접 겪어 보지 않은 오늘날의 사람들은 삼국지와 수호지, 나폴레옹과 이순신을 연상하거나, 심지어는 전자 오락게임과 같은 것으로 상상한다. 그래서 전쟁으로 발생한 비극과 상처, 전쟁이 가져온 파괴는 살아 있는 현실로 받아들여지지 않은 채 특정 정치 세력에 의해 일방적으로 해석되고, 집단적 망각 속에서 힘을 가진 집단은 또 다른 전쟁을 시작한다.

죽음은 모든 사람에게 공평하게 다가오지만 질병은 그렇지 않듯이, 전쟁은 모든 사람에게 공평하게 닥치지만 직접 전쟁에서 죽을 확률은 사람마다 다르다. 미국은 20세기의 거의 모든 전쟁에 관여했지만, 한 세기 동안의 모든 크고 작은 전쟁에서 죽은 미군 병사의 총수는 3년 동안의 한국전쟁 당시 죽은 한국인의 4분의 1에도 미치지 못한다. 전쟁은 장교나 병사 모두에게 죽음의 가능성을 극도로 높이지만, 철통같은 경비를 받는 CP 깊숙이 근무하는 대대장급 이상의 지휘관이 목숨을 잃을 가능성은 매일 몇 시간씩 순찰해야 하는 말단 병사들이 죽을 확률의 1%에도 미치지 않는다. 그래서 '시장'이 돈 많은 사람과 돈 없는 사람 간의 계급적 차별의 원칙이 적나라하게 작동하는 현장이듯이, '전장'도 이러한 계급 원칙이 매우 적나라하게 관철되는 현장이다. 죽을 확률이 0.1%에도 미치지 않는 군인과 죽을 확률이 10%가 넘는 사람을 같은 군인으로 취급하는 것도 적절하지 않으며, 이들 모두를 전쟁의 피해자라 말하는 것도 모순이다. 전쟁, 비상계엄 선포로 작전 지역 내의 민간인과 병사들에 대한 권한

이 거의 군주의 반열까지 오르는 현장 지휘관의 처지가 보급품을 제대로
공급받지 못해 민간인의 쌀독과 가축에까지 손을 대야 하는 병사들과 같
은 정도로 비인간화된 상태에 있다고 말하는 것도 적절하지 않다. 인간
세상에 전시만큼 불평등한 세상, 권력과 민중의 격차가 극대화되는 시기
도 찾아보기 어렵다. 다시는 전쟁이 없어야 한다는 말은 전쟁으로 사람이
죽고 다치는 일이 일어나기 때문만이 아니라, 전쟁은 인간을 총체적으로
타락시키고 부패를 극대화하고 사회의 안정된 질서와 규범을 완전히 뒤
흔들어 놓기 때문이다.

　전쟁은 처음부터 끝까지 특정한 역사적 국면에서, 특정한 정치경제
상황에서 전개되기 때문에 인간적·인문학적 현실임과 동시에 가장 적나
라한 정치적·사회적 현상이다. 따라서 전쟁은 언제나 동일한 방식으로
나타나지도 않고 또 그것을 겪은 군인들이나 민간인들에게 동일하게 체
험되지도 않는다. 19세기의 나폴레옹 전쟁과 20세기의 1차대전은 사용된
무기의 성능과 질, 살상된 비전투 민간인의 수, 피침략국의 지성인들이
그 전쟁을 받아들이는 방식, 전쟁 이후 변화된 정치체제가 매우 다를 수
밖에 없었다. 미국이 참전한 전쟁이지만, 유럽의 2차대전과 태평양의 2차
대전은 달랐다. 한쪽에서는 미군이 주로 공중전에 의존하면서 지상전에
는 매우 제한적으로만 투입되었고 핵이 사용되지 않았지만, 다른 쪽에서
는 미군이 지상전에 본격적으로 참여하였으며 핵이 사용되었고 인종주의
원칙이 전쟁 과정에서 작동하였다. 파시즘 군국주의를 부순다는 사명감
에 불탔던 미군 지휘관들은 공산주의와 대결한다는 한국전쟁에 참전하고

나서는 도저히 이해할 수 없는 현실에 직면하였다. 처음에는 흰 옷 입은 민족 구성인들끼리 싸우는 내전에 왜 자신들이 개입해야 하는지 이해할 수 없었으며, 왜 그렇게 부패하고 무능한 이승만 정권을 지탱하기 위해서 자신들이 목숨을 바쳐야 하는지 알 수 없었고, 중공군이 개입한 이후에는 왜 그 전쟁이 그렇게 지연되어야 하는지 이해할 수 없었다.

미국과의 태평양전쟁에서 패잔병이 된 일본군의 처지는 비참했지만, 더 비참한 것은 남의 전쟁에 동원된 조선인 군속들이었다. 그들은 일상적으로 일본군의 구타와 폭력에 노출되어 있었다. 한국전쟁 초기에 영문도 모른 채 낯선 전쟁터에 내던져진 나이 어린 미군들의 처지도 비참했지만, 자기 나라 군과 경찰의 일상적 테러와 폭력에 노출되고 외국 공군기가 퍼부은 폭탄 세례를 받고 자기 집 안방에서 죽어 갔던 한국 민간인들의 처지는 그들보다 몇 십 배 비참했다. 중공군의 참전으로 패닉 상태에 빠진 이승만 정부에 의해 동원되어 천 리 길을 굶으면서 걸어 내려가다 더러는 동사하고, 더러는 병에 걸려 죽은 국민방위군의 처지는 말할 수 없이 비참했다. 리영희는 이 국민방위군의 처참한 처지에 대해 분노하면서 전쟁의 현실에 눈을 떴다. 그러나 그가 자신이 근무했던 부대 인근에서 벌어진, 한국 측 군경과 인민군에 의해 저질러진 민간인 학살 현장을 목격했다면, 아니면 한국군에 징집되어 그러한 일에 동원되었다면, 그 전쟁에 대해 더욱더 크게 좌절하고 분노했을 것이다.

리영희가 체험한 한국전쟁, 그리고 기자로서 취재하고 분석했던 1960년대의 베트남전쟁도 가장 정치적인 전쟁이었다. 한국과 베트남은 언제나 그러했듯이 전쟁의 주역이 아니었다. '전쟁 만들기'의 주역인 제국주의는 '문명'으로 대량의 살상을 포장하지만, 어떠한 가치로도 인도되지 않은 군대는 왜 전쟁을 해야 하는지에 대한 정당화의 기제를 갖고 있지 않다. 리영희는 한국전쟁 시기 군인들의 타락한 규율과 부정적인 모습, 후방에서의 환락과 사치, 극단적 이기주의를 체험하면서도, 한국인들의 민족성을 개탄하는 쪽으로 결론을 내리지 않았다. 대신, 제국이 아니라 아류 제국인 옛 일본의 천황 군대를 그대로 옮겨 놓은 한국군의 실체, 즉 일본군 출신 지휘관들의 성향, 야만적인 일본 군대의 폭력주의를 그대로 이어받은 지휘관들, 그 사디즘 체계의 최말단에서 신음하던 사병들의 비참한 처지를 주목하였다. 한국전쟁에서는 도시와 농촌의 힘없는 부모의 자식들이 죽음의 최전방에 서게 되고, '빽'이 있는 사람들은 전쟁터에서도 살아남고 돈도 버는 현실이 있었다. 또한 국민방위군의 비참한 처지 뒤에는 이승만 정부의 반인륜적인 행태와 전시에 민초들이 감당해야 했던 고통이 있었다. 그는 미군 통역을 하면서 미군의 참전은 결국 그들의 정치경제적 이해를 위해서라는 것과, 미군에 절대적으로 의존할 수밖에 없었던 이승만 정부와 한국의 적나라한 처지를 이해하였다. 결국 그가 본 한국전쟁은 그의 국가관, 전쟁관, 미국관, 한국 정치관, 사회관에 코페르니쿠스적 전환을 가져다주었다. 경험보다 더 좋은 교사는 없는 법이다.

과연 전쟁터로 변한 남베트남을 공산주의의 위협 속에 있는 '자유세계'라고 불렀던 당시 한국의 정치 지도자들이 세상을 정직하게 본 것일까? 이 당연한 의문에서 출발한 리영희의 일련의 베트남전쟁 관련 논문과 에세이는 베트남전쟁을 통해 국제 냉전 질서, 한미 관계의 국제정치학, 새 패권 국가이자 자본주의의 맹주인 미국이라는 나라 그 자체, 제3세계 민중들의 처지, 그리고 바로 그 자신과 한국 사람들이 겪은 한국전쟁과 한국 정치와 사회의 모든 현상을 우회적으로 다시 보려는 지적인 시도였던 셈이다. 베트남전쟁은 확실히 베트남 사람들의 전쟁이 아니라 제3세계 민중들의 전쟁이었다. 1960년대에 전 세계의 모든 지식인들에게 베트남전쟁은 양심과 세계관을 드러내는 리트머스 시험지와 같은 것이었다. 오로지 한국인들만 베트남전쟁에 대한 이러한 국제적 논란을 전혀 알지 못한 채 살고 있었으며, 한국의 지식인들만 그러한 논란이 한국에 무슨 의미가 있는지 묻지 않았다.

베트남전쟁은 "현대 모순의 집약적 표현"이었고, 베트남전쟁에 대한 문제 제기는 곧 냉전 체제, 미소가 주도하는 세계 질서에 대한 문제 제기였다. 한국 사람들이 그 전쟁을 이해하기 어려웠던 이유는 '북한의 침략'이라는 매우 익숙한 공식으로 문제를 바라보았기 때문이다. 즉 한국전쟁 체험을 일방적으로 해석한 한국전쟁관은 한국의 역사를 바라보는 시각만 굴절시킨 것이 아니라 세상을 보는 시각도 굴절시켰다. 남베트남을 '월맹의 침략'을 받은 '자유 우방'이 아니라, 식민지화의 역사를 청산하려는 항불·항일·항미 운동의 주체로 본다면 문제는 완전히 새롭게 접근해야 한다. 리영희는 프랑스의 베트남 진입을 "조선에서 패배한 일본이 종전과 함께 한국에 군대를 진주시킨 상황"으로 이해하였으며, 프랑스에서 미국으로 지배 세력이 변화된 이후에도 그 본질은 변하지 않았다고 보았다. 이후 미국이 베트남에 개입한 명분은 도미노이론, 즉 한 나라가 공산화되면 다른 나라가 연쇄적으로 공산화된다는 논리였는데, 이 논리는 사실상 한국전쟁기 미군 투입의 명분이기도 했다. 한국은 천연자원도 풍부하지 않은 가난한 나라에 불과했지만, 미국이 한국을 방관할 경우 미국의 의중을 시험한 전 세계의 공산주의 세력이 파상적으로 공격을 해올 것으로 보았기 때문에 한국의 방위는 미국의 '자유세계' 방위의 시험대였다는 논리가 그것이다.

베트남전쟁기의 국방장관 맥나마라Robert McNamara는 수십 년이 지난 뒤에야 자신들이 베트남의 역사에 대해 아무것도 알지 못한 채 그 전쟁에 개입하였다고 실토하였고, 베트남전쟁 당시 대학 교수였던 찰머스 존슨Chalmers Johnson 역시 당시 학생들이 왜 베트남전 반대 시위를 하는지 이해하지 못했다가, 소련 사회주의가 망한 이후 미국의 패권주의가 유지되는 것을 보고서야 비로소 과거의 무지를 실토하였다. 그러나 한국전쟁을 겪은 한국의 청년 지식인들이 베트남전쟁을 이해하는 데는 그렇게 많은 노력이나 우회가 필요하지 않았을 것이다. 만약 그들이 지적으로 성실하기만 했다면 말이다. 한국인들에게 그것은 별다른 부연 설명이 필요치 않은 정치 현실이었기 때문이다.

어쨌든 1970년대 이후 미·소의 화해, 일본 부흥, 월남 패망이라는 전환기적 사실들이 숨 가쁘게 진행되어도 냉전의 단세포적 인식에 머물러 있던 남한에서는 '유신'의 억압이 세상을 보는 눈을 더욱 외골수로 만들었고, 주체의 사회주의 노선을 강화시키는 북한의 대남 강경 노선과 맞물려 전쟁을 종식시켜야 한다는 당위로부터 더욱 멀어지게 되었다. 박정희 정권의 패망과 더욱 경직된 전두환 정권의 등장과 더불어 이제 전쟁은 국제적 문제가 아니라 과거부터 지속되던 남북한 간 냉전 체제의 해체 문제로 점점 더 다가오게 되었다. 1980년대 이후 리영희의 관심이 이제 중국의 변화, 일본의 우경화와 침략주의, 남북한의 군사적 대결 체제, 북한의 핵무장 문제 등 주로 한반도 내부와 주변의 문제로 관점이 이전하는 이유도 이제 지구적 냉전은 한미 관계, 남북 관계 문제로 집약되었기 때문이다.

이제 쟁점은 북한의 위협을 강조하여 남북한 냉전 체제를 지속시키려는 세력 문제로 집약되었다. 여기에는 군사정권의 지배하에서라도 한국의 군사적·경제적 위상이 높아지고 북한의 입지가 약화되었다는 현실이 피할 수 없는 전제로 깔려 있었다. 1980년대의 한국은 아직 농업 국가였던 베트남이나 중국과는 비교할 수 없는 고도로 산업화된 나라가 되었다. 북한은 경제력에서는 물론 군사력에서도 남한의 적수가 되지 못했다. 남북한은 여전히 전쟁 상태에 있었지만, 민주화와 더불어 국가 내부의 군사주의도 크게 후퇴하였고 자체의 자본주의 발전을 이룩한 한국 사회에서 전쟁은 저 먼 과거의 일이거나 우리 주변에는 실존하지 않는 것으로 받아들여지기 시작했다. 그러나 북한의 존재 자체를 위협으로 느끼는 냉전 이데올로기는 남한 내부의 지배를 위해서는 그대로 지속되었다.

그래서 리영희는 이제 민주화 이후에도 여전히 변하지 않는 불평등한 한미 관계, 남한 내부의 냉전 이데올로기, 북한의 위협에 대한 과대 포장을 일삼는 남한 내부의 전쟁 지속론에 맞서서 한미 관계의 정상화, 냉전 이데올로기의 극복, 북한에 대한 정확한 이해의 필요성 등을 역설하는 일련의 작업을 하게 되었다. 집약하면 민주화의 분위기에 위기의식을 느낀 나머지 냉전 질서를 유지 존속시킴으로써 지배 체제를 유지하려는 극우 반공주의 세력에 맞서서 새로운 정치와 사회를 열어가기 위해서는 이 냉전 논리의 뿌리, 즉 미국 혈맹론과 미국 의존 불가피론, 북한 군사 위협론, 북한 핵 위협론 등에 대한 비판이 필수적일 수밖에 없었다. 한반도에서 전쟁 위협을 과장하고, 전쟁 지속을 강조하는 논리와 체제는 과거에도 그러했듯이 남한 기득권 세력의 경제적 이해와 결부되어 있기 때문이다. 이것은 남한 사회의 진정한 민주화, 즉 남한 사회가 진정으로 전쟁의 흔적을 지우고 폭력의 논리 대신에 법의 논리가 작동하는 문명국가로 변화될 수 있는가 하는 문제와 결합되어 있다.

그런데 냉전도 사실상의 전쟁이라 볼 수 있기 때문에, 한국 사회의 냉전 체제는 국가보안법이라는 이름 아래 다수의 정치적 반대자를 '빨갱이'로 덧칠하여 정치적으로나 사회적으로 완전히 매장시킬 수 있는 체제다. 냉전 체제는 노동조합이나 시민단체조차 국가의 적으로 모는 자본 독재 체제다. 선거에 의한 정권 교체와 제도로서의 민주주의는 작동하더라도, 매카시즘이라는 유령은 여전히 살아 있으며, 반공과 국가 안보의 폭력과 고문, 국정원·기무사·검찰·경찰 등 수사기관의 권력화, 이들 정보기관이 지목하는 내부의 적에 대한 일상적인 사찰과 감시가 지속되는 체제다. 그래서 정치적 민주화가 달성된 1987년 이후에도 국가보안법 위반자가 양산되고, 사상과 양심의 자유는 여전히 제약을 받았다. 남북한의 경계를 넘으려는 많은 사람들이 국가보안법 위반자로 체포되었다. 노골적인 고문과 폭력은 사라졌으나 '빨갱이 사냥'은 더욱 기승을 부렸다. 이제는 국정원, 기무사 등 사찰 기관 대신 여론을 독점하고 있는 언론이 그 기능을 대신하고 있다. 군사정권하에서 투옥되었던 사람들은 민주화된 이후에도 투옥되었다. 민주화는 반공 이데올로기, 즉 전쟁이라는 현실 앞에서 정지되었다.

1990년대 이후 국제사회에서 한반도 문제의 가장 중요한 의제로 등장한 북한의 핵개발 관련 의제는 한반도에서 여전히 전쟁이 지속되고 있음을 보여주는 실례다. 또, 2006년 용산의 미군기지 평택 이전을 둘러싸고 한국인들 내부에서 벌어진 사실상의 전쟁 상태는 외적인 전쟁 상태가 내부에서 진행된 것일 따름이었다. 각종 시민단체 집회에 나타나서 '힘'을 행사해 판을 깨는 '열혈 노인'들의 행태나, 신문의 하단을 장식하는 우익단체 광고에서 나타나는 '험악하고 전투적인 언사'는 아직도 한국 사회에 총만 들지 않았지 사실상 적을 없애야 내가 산다는 논리, 여차하면 동족을 살해할 수 있는 전쟁이 지속되고 있음을 보여주는 실례다.

열전이든 냉전이든 전쟁은 탐욕이 활개를 치는 공간이다. 제국주의의 침략적 본성, 문명의 이름으로 자행되는 시장 확보와 원료 약탈의 탐욕, 절대 권력을 누리려는 군주나 총통의 권력욕, 자신과 종교와 핏줄이 다른 인간에 대한 적대와 증오가 여과 없이 표출되는 것이 전쟁이다. 전쟁은 약탈이고 성폭력이고 안면 몰수의 부도덕과 무도덕 그 자체이며, 무법과 불법과 탈법이며, 약삭빠른 인간, 무지하고 난폭한 인간이 제 세상 만난 듯이 설치고 양심과 지조와 소신과 체면을 중시하는 사람이 완전히 설 자리를 상실하게 되는 거대한 약육강식과 이전투구의 난장판이다. 그래서 지난 1989년 이전의 냉전의 역사 역시 국제무역, 해외투자, 금융 선진화라는 이름으로 자본주의적 탐욕이 여과 없이 표출되었던 또 다른 전쟁터이기도 했다. 또 공산 독재의 붕괴 이후에 다가온 자본의 독재, 군사독재 대신 등장한 '시장의 독재'도 냉전 이후의 새로운 전쟁 체제의 시작을 의미했다.

확실히 시장과 전쟁은 형제지간이다. 전시에 민간인 희생을 정당화하는 논리는 언제나 '군사적 필요'의 급박성이다. 미국 대통령 트루먼은 일본에 핵을 터트리는 것이 '군사적 필요' 때문에 불가피했다고 밝혔으며, 이라크를 침략한 부시도 자신으로서는 선택의 여지가 없었다고 말했다. 그렇다. 미국은 이라크 석유를 놓치면 21세기의 패권을 포기해야 한다는 압박감을 갖고 있었다. 중국 역시 아프리카 등 전 세계 여러 나라의 석유

자원을 자신의 수중에 넣으려 한다. 군사적 필요의 급박성은 시장이라는 전쟁터에서 생사의 기로에 놓인 기업의 논리와 동일하다. 지구적인 무한 경쟁은 국가라는 보호막 속에 안주하던 기업을 완전경쟁에 노출시켰으며, 최소한의 양심과 공정거래의 규범을 벗어던지고서라도 살아남아야 한다는 논리를 정착시켰다. 따라서 전쟁터와 마찬가지로 경쟁의 원리, 약육강식의 원리, 탐욕의 원리가 작동하는 신자유주의하의 무한 경쟁 시장에서도 법과 규범은 사치가 된다.

지구화, 신자유주의하에서 강화된 시장과 경쟁의 논리, 소련 사회주의의 붕괴, 더 이상 적이 없어진 자본주의의 오만, 민주화된 이후 탈냉전의 정치적 해빙에 두려움을 느낀 구냉전 세력의 공격적인 대응 등이 1990년대의 한국 사회에서 여과 없이 나타났다. 지구적 탈냉전과 한국 냉전 체제의 불일치, 지구화된 자본주의 질서의 압박 속에서 전쟁은 다른 형태로 지속되었으며, 대중의 삶은 경제 전쟁 속에서 더욱 피폐해졌다.

반공, 전쟁, 국가주의의 우상

한국전쟁 후 60년 동안 한국 사회는 한국전쟁을 자신의 방식대로 되새김질하는 사람들에 의해 움직여져 왔다. 한국전쟁은 약소국의 서러움, 강대국이 짜놓은 장기판의 졸이 된 민족의 불행한 처지, 반공/친공 이데올로기의 허망함, 학살과 폭력의 야만성에 대한 절절한 반성과 남북 화해와 평화에 대한 열망, 외세에 대해 "아니오"라고 말할 수 있는 국가 건설의 필요성을 확실하게 각인시켜 주는 방식으로 체험될 수도 있었다. 그렇지만, 휴전 체제로 끝난 전쟁은 북한 공산주의에 대한 적개심, 맹목적인 반공주의, 권력순응주의, 미국에 대한 무조건적인 의존성, 국가지상주의 등을 강화시키는 방식으로도 체험되고 해석되었다.

물론 현재 한국에 살고 있는 사람들 중에서 한국전쟁을 몸소 체험한 사람들은 이제 대부분 사망하였다. 특히 일제 말, 즉 2차대전의 궁핍과 한국전쟁의 고통을 철이 든 다음 겪은 80대 이상의 사람들의 수는 더욱 적어졌다. 이들은 가장 비참하고 힘들었던 두 전쟁을 겪었기 때문에, 한국 사회의 그 누구보다 공포와 충격, 고통과 배고픔, 절망과 소외, 차별과 억압, 굴욕과 분노, 무기력감을 겪었다. 그러나 한국전쟁을 어떤 처지에서 어떻게 겪었는가, 그리고 전쟁 후에 어떤 위치에 서게 되었는가는 사람마다 천지 차이가 있다. 지금까지 전쟁 체험을 독점적으로 해석하고 있는 한국 사회 주류의 체험과 해석은 평화의 열망보다는 "원수를 쳐부수고 압록강에 태극기를 꽂자"는 식의 북한과의 전쟁불사론에 가까운 것이었다. 북한을 침략의 책임자, 전쟁범죄자, 악의 원천으로 보고 오로지 북한만 없어지면 선에 도달한다는 사고방식이 바로 그것이다. 북한을 미워한 나머지 미국보다 더 미국적인, 미국인들보다 더 미국의 국익에 신경을 쓰는 월남한 '반공' 투사들, 근본주의 기독교인들, 한국 거대 신문과 지식인들이 바로 이러한 시각의 소유자들이다.

리영희가 평생 싸워 왔고, 또 그로 인해 피해를 당해 온 것이 바로 이 반공과 반북, 그리고 국가주의라는 우상이지만, 이 우상은 60년 동안 세를 유지해 왔고 아직도 건재해 있다. 한국과 같은 분단국가인 대만과 중국 간의 화해도 급진전되고 있으며, 급기야 미국이라는 우산 속에서 전후 60년 체제를 유지해 온 일본조차도 오키나와 미군 기지 이전 문제를 둘러싸고 미국과 대립각을 세우면서 조심스럽게 자신의 주권을 내세우고 '국익'을 추구하고 있다. 그런데 이 한반도에서 '사실상의 전쟁'은 너무 오래 지속되고 있으며, 그만큼 비정상적인 것과 비이성적인 것이 너무도 오래 정상적인 것과 이성적인 것을 압도해 왔다.

제국의 전쟁, 그리고 평화

오늘날 미국이 개입한 이후 최대의 서방군 사상자가 발생하고 있으며, 급기야는 나토NATO도 철수를 서두르고 있는 아프가니스탄에 '국제사회'와의 공조 운운하면서 한국인 보호를 위해 파병을 하겠다고 나서고 있는 외교부 수장의 모습을 우리는 바라보고 있다. 아프가니스탄이 어떤 나라인가? 한국과 마찬가지로 그 지정학적 위치 때문에 20세기 내내 제국주의 강대국에 시달린 나라이고, 영국·소련·미국 등 강대국의 이해 다툼 때문에 수십 년 동안 전쟁 상태에 있는 나라이자 심각한 내적 균열과 정치적 부패가 만연한 나라다. 외신은 2009년 5월 4일 아프가니스탄 그라나이Granai의 이슬람 성당에서 기도를 마치고 나오던 140여 명의 민간인이 미군의 폭격으로 사망한 사실을 보도했다. 이곳에서 살아남은 일곱 살 노리아Noria는 두 명의 언니와 함께 고아가 되었다. 지금의 아프가니스탄은

60여 년 전 한국의 노근리다. 지금 아프가니스탄은 부패한 카르자이 정부가 국제적 신뢰를 완전히 상실한 상태이며, 이제 다시 전 국토의 상당 부분을 점령한 탈레반은 UN 소속 민간인 지원단에게까지 공격을 퍼붓고 있다. 그러나 아프가니스탄 민간인들에게는 자신을 도와주겠다고 온 UN 소속 사람들, '개념 없는' 한국 선교자들은 모두 문명의 이름으로 자기 땅을 침략하려는 외세와 그 하수인들에 불과하다. 아프가니스탄 재건에 참여하는 한국 기업도 세 번이나 공격을 당했다고 한다. 오바마의 미국도 부시가 만든 용어인 '테러와의 전쟁'이라는 말을 사용하지 않고 있는데 충실한 우방 한국은 여전히 '테러와의 전쟁'을 사용하면서 미국과 중국의 패권 경쟁의 들러리를 자처하고 있다.

리영희는 이미 1980년대에 이스라엘과 아프가니스탄에 대한 글을 쓴 적이 있다. 그것은 팔레스타인 문제, 아프가니스탄 문제를 분단 한국의 처지에서 분석한 매우 선각자적인 평론이었다. 냉전의 우상 속에 사로잡혀 있는 한국의 외교관들이나 국제정치학자들에게는 팔레스타인 문제나 아프가니스탄 문제는 오로지 '미국의 관점'에서만 보일 것이다. 여전히 한국 언론의 '국제'면은 미국발 보도의 번역판이다. 응당 보아야 할 것을 보지 못하는 것은 자신의 탐욕과 이해관계 때문이거나 무지 때문이다. 임진왜란 후 일본에 끌려가서 일본이라는 나라를 잘 보고 와서도 일본의 기술과 생산력 발전에 전혀 주목하지 않았던 조선인 선비들이나, 청나라가 지배한다는 점만 중시했지 중국의 새로운 기술과 지식에 전혀 주목하지 않았던 조선 외교관들이나 지식인들의 사대주의에 기초한 허구적 주류

의식과 무지몽매함은 한국전쟁의 참화와 분단국의 서러움을 겪고서도 전쟁에서 완전히 벗어날 길이 무엇인지 알지 못하는 오늘날 한국의 보수 주류와 다를 바가 없을 것이다.

자기가 살고 있는 터전에서 부모 형제가 죽음을 당한 것을 목격하고 가산이 불에 타 공중으로 사라지는 것을 체험한 사람들과, 오직 남의 땅에 가서 전쟁을 하다 부상을 입고 고향에 돌아온 병사들을 통해서만 전쟁을 체험한 '제국'의 사람들이 과연 전쟁을 같은 무게와 깊이로 이해할 수 있을까? 제국주의는 언제나 자신이 대량의 살상 무기를 개발하지만, 주로 남의 나라 사람들의 목숨을 빼앗는 데 사용할 뿐이고, 식민지 종속국은 언제나 남의 나라 군대에 의해 자신의 혈육이 살해당하는 것을 고통스럽게 지켜보아야 한다는 비극을 안고 있다.

위구르, 티베트의 소수민족을 무력으로 진압하는 중국의 신군사주의와 '촌스러운' 제국주의는 21세기 우리의 일차적 경계 대상이다. 일본의 탈미 자주독립 노선, 하토야마의 아시아주의도 또 하나의 위협이다. 전쟁의 비극에서 벗어나기 위해서는 전쟁의 역사와 전쟁의 현실을 냉정하게 직시해야 한다. 지금까지 한국에서 극우 반공주의의 전쟁 위협 조장은 냉정하게 생각해 보면 냉전 시기 미국의 프로젝트였다. 물론 그 프로젝트의 우산 속에서 지금까지 한국이 얻은 경제적 성취가 놀라운 것도 사실이고 중산층을 포함한 많은 사람들이 물질적 궁핍에서 벗어난 것도 사실이다. 그러나 리영희가 언제나 강조하였듯이 군사 외교에서 스스로 결정할 수 있는 힘을 갖지 못하면 힘없는 백성들의 '생명'은 외세의 무력에 내맡겨지게 된다. 그리고 시장과 자본주의의 미덕을 과도하게 찬양하거나 도그마로 받아들이면 시장의 실패자, 사회 내의 약자는 빈곤의 늪에서 벗어나올 수 없다.

경제를 그렇게 강조하는 사람들의 주장을 십분 받아들여 순수하게 경제적인 득실의 차원에서만 바라보더라도, 한반도에서 전쟁을 완전히 종식시키고 남북한을 평화 체제로 전환하는 것보다 경제적으로 더 득이 되는 일이 있을 수 있을까? 남북한이 불필요하고 소모적인 군비경쟁을 끝내고, 북한의 우수한 노동력이 남측의 자본과 결합하여 북한 주민들이 물질적으로 좀 더 나은 생활을 누리고, 남한은 새로운 내수 시장을 창출하는 것 이상으로 더 획기적인 경제적 사실이 있을 수 있을까? 과연 남북한이 분단된 상태에서, 중국·미국·일본의 간섭으로부터 벗어날 수 있을까? 그리고 전쟁 상태에서 완전히 벗어나지 않은 채 남한이 21세기의 세계 문명을 주도하는 국가가 될 수 있을까? 국가라는 우상, 시장이라는 우상에서 벗어나지 않고서 민중들이 행복해질 수 있을까? 리영희가 동시대의 사람들에게 던지는 질문도 이렇게 집약해 볼 수 있을 것이다.

무신론적인, 그러나 유신론적인

이찬수

종교문화연구원 원장. 저서로 「종교로 세계 읽기」, 「일본정신」, 「한국 그리스도교 비평」, 「불교와 그리스도교, 깊이에서 만나다」, 「생각나야 생각하지」 등이 있다. 강남대 교수를 지내다가 불상 앞에 절했다는 이유로 해직되었고, 현재 서강대, 이화여대, 한신대 등에서 강의하고 있다.

최근 2년여 우리는 종교와 관련하여 두 가지 국가적인 사태를 경험한 적이 있다. 그 하나는 2007년 여름 아프가니스탄에서의 선교사 피살 사건이다. 선교차 나갔던 23명의 한국인 중 둘이 살해되고 나머지가 42일 동안이나 억류되었다가 가까스로 풀려나는 초유의 사건을 겪었다. 그런데, 상당수 국민들이 이들의 죽음과 피랍에 대한 안타까움을 느끼는 것 이상으로, 이슬람 문화권을 비롯한 타종교나 문화에 대해 자기 우월적 자세를 보이던 기독교(개신교) 선교사들을 비난했다. 그리고 다른 하나는 이명박 정부 들어 고위 공직자들이 보여준 개신교 중심의 종교 편향적 분위기 때문에 상처받은 불교계의 반감이 고조되면서 2008년 8월 현 정부의 친개신교적 흐름에 항의하는 대규모 '범불교도대회'가 벌어졌을 때에도 훨씬 많은 국민이 심정적으로 불교계에 동의했던 일이다.

이 두 사건은 한국 내 실질 신자 수가 가장 많은 기독교에 대해 그보다 더 많은 국민이 반감을 가지고 있거나 적어도 호감은 가지고 있지 않다는 것을 의미한다. 이것은 그동안 기독교가 진리의 이름으로 타자를 배타하고 자기 우월적 자세를 견지해 온 데 반해 기독교 밖에서는 그것의 문제점을 의식하고서 내심 자기중심적 기독교를 거부해 왔다는 증거다.

어쩌다 한국 기독교는 그 지경에 이르게 되었을까. 왜 사랑과 정의를 핵심으로 한다는 기독교를 거부하는 사람들이 생기고, 사랑이나 정의와는 반대되는 가치들이 기독교의 이름으로 정당화되는 일이 벌어지곤 하는 것일까. 여기서는 유일신 사상에 대한 기독교인들의 오해와 한국에 전해진 기독교의 근본주의적 사고방식에서 그 원인을 찾아보고자 한다. 물론 종교사, 특히 기독교사를 살펴보면 이런 식의 문제는 예수 당시에도 있었고, 여전히 예수의 삶을 따르기보다는 예수에 대한 교리적 신념을 진리의 핵심으로 삼고 있다. 살아 있는 이타적 진리보다는 자기중심적 제도를 더 중시하면서 타자를 배제하고 있는 실정인 것이다. 심지어 예수가 오늘 다시 온다 해도 언제든 다시 쫓아낼 수 있는 채비를 갖추고 있는 곳이라 해도 과언이 아닐 정도로 예수식의 생생한 실천보다는 자기도 모르게 경직된 조직과 제도를 우선시하는 경향을 보여준다. 그 엄연한 현실을 돌아보고 반성하게 해줄 몇 가지 사례를 살펴보도록 하자.

예수와 제도 종교의 갈등

흔히 종교들의 교리教理가 달라 갈등이 생긴다고들 한다. 하지만 근원적으로 보면 그런 것만은 아니다. 갈등이 생긴다면 그것은 교리의 본뜻, 즉 가르침教의 원리理를 제대로 이해하지 못하고 독단화한 데서 비롯되는 것이다. 교리 자체가 아니라 오해를 이해로 착각하는 데서 갈등의 원인이 발생하는 것이다. 예컨대 유대교와 기독교 사이에 갈등이 있다면 그것은 예수에 대한 이해가 피상적인 데 머물고 그 이해가 상충된 데서 비롯된다. 기독교인은 예수의 기독교적 독자성을 강조하지만, 예수는 분명히 유대인이었고, 유대교적 전승을 공유하던 사람이었다. 이런 그의 친유대교적 정서는 자신이 "내가 율법이나 예언서의 말씀을 없애러 온 줄로 생각하지 말라. 없애러 온 것이 아니라 오히려 완성하러 왔다"(마태복음 5:17)고 한 데서 잘 드러난다. 예수는 유대교적 율법의 '정신'을 실현하려고 했던 인물이다. '하느님 사랑'과 '이웃 사랑'이 율법의 모든 것이라는 예수의 정신과 가르침은 예수 고유의 것이었다기보다는 유대교 랍비들에게서도 발견되고 히브리 성서에서도 등장하는 친숙한 가르침이기도 했다.(신명기 6:5 ; 레위기 19:18)

예수 정신의 고유성을 잘 담고 있다고 생각되는 말, 즉 "사람이 안식일을 위해 있는 것이 아니라 안식일이 사람을 위해 있는 것"(마르 2:27)이라는 말도 유대교 랍비들의 전통 안에 이미 전승되어 오던 지혜였다. 출애굽기에 대한 랍비들의 해설서인 『메킬타』(31:13)에서는 "안식일이 네게 맡겨져 있는 것이지 네가 안식일에 맡겨져 있는 것이 아니다"라고 말한다. 예수 당시 유대인들이라면 예수든 누구든 "안식일을 기억하여 거룩하게 지켜라"(출애굽기 20:8)라는 말을 하느님의 십계명으로 알고 그에 따르고자 했는데, 차이가 있다면 그 지켜야 할 것이 무엇인가에 대한 해석이 서로 달랐다는 데 있다. 한쪽이 순수하게 계명의 '정신'을 지키고자 했다면, 다른 쪽은 계명이라는 '문자'에 근거한 조직이니 질서, 더 나아가 기득권을 지키고자 했다고 할 수 있다.

예컨대 예수에게 '안식'은 그저 아무 노동도 하지 않는 것이 아니었다. 그가 보건대 병든 이에게 안식은 치료이고 굶주리는 이에게 안식은 한 끼 식사였다. 그렇다면 아무리 안식일이라도 굶주리는 이를 위해서는 밀가루를 구해 빵을 만들어 먹이는 노동을 해야 했다. 예수가 보건대는 그것이 굶주리는 이를 위한 안식이었기 때문이다. 하지만 예수는 정말 긴급하지 않은 경우라면 환자 치료 행위조차 금하는 방식으로 안식일법을 지키고자 했던 유대교 지도자들에게 미움을 사게 되었다. 안식일에는 정말 아무 노동도 해선 안 된다고 문자 그대로 생각하고 관례대로 적용하던, 그러면서 정말 아무 노동을 하지 않고도 충분히 먹고살 만한 기득권층 종교인의 단순한 이해 방식과, 소외된 이들에게 실제로 '안식'을 주려던 예수 사이에 갈등이 생기게 된 것이다.

더 나아가 예수는 유대인이었고 따라서 유대 문화에도 친숙했지만, 신의 구원의 가능성을 유대인에게만 제한하지는 않았다. 때로는 유대인보다 이방인에게 신의 구원이 먼저 임한다고 가르치기도 했다. 하느님은 당시 사회에서 '의인'으로 간주되던 이들보다 '죄인'을 더 사랑하신다고 보기도 했다. 그것이 하느님의 사랑의 원리라고 믿었다. 그러나 예수의 이런 식의 태도는 이방인의 구원을 상상해 본 적 없던 유력 유대 지도자들의 관습과 정서를 자극했고, 죄인과 함께 어울리는 이도 죄인이라는 관례적 논리에 따라 죄인과 어울리는 예수에게 불경죄, 신성모독죄 등이 씌워졌고, 예수는 급기야 사형장으로까지 내몰리게 된 것이다. 죽인 이나 죽은 이나 나름대로는 하느님의 이름으로, 진리의 이름으로 그렇게 했다는 것이 종교사의 아이러니다.

그런 아이러니는 여전히 진행 중이다. 예컨대 기독교라는 것은 그렇게 죽임 당한 예수가 도리어 더 옳다고 따르는 이들의 모임이다. 당연히 예수를 따르는 수십억의 또 다른 '예수들'로 인해 온 세계는 이미 사랑과 정의로 넘쳐나고 있어야 옳을 것이다. 그런데 역설적이게도, 그리고 유감스럽게도 오늘날 훨씬 많은 기독교인들이 그런 예수의 실천적 정신보다는 예수를 죽인 고대의 제도화된 유대교적 관습의 논리를 더 따르고 그에 매여 있다. 구원이 기독교 밖에서도 이루어진다고 말하면, 불경하다며 두 눈을 똥그랗게 뜨며 짓는 공격적 표정이란 2000년 전 예수를 죽인 사람들이 꼭 그랬을 것 같다는 느낌을 준다.

그런 식으로 오늘도 기독교는 다른 종교와 조화하지 못하면서 종교 간 갈등의 원인을 제공한다. 예수를 믿는다면서 대부분 교리를, 성서를, 예수의 근본정신을 피상적으로만 이해하거나 자기중심적으로 오해한다. 예수를, 진리를 이기적 욕망 충족의 수단으로 착각한다.

특히 신이 한 분이라는 유일신 사상에 대한 오해에서 비롯된 우상숭배 금지 규정에 대한 오해가 크다. 기독교라는 종교는 율법과 혈연 중심의 유대 민족 종교를 넘어섰기에 세계의 보편 종교로 거듭날 수 있었음에도 불구하고, 불행하게도 한국에 전해진 기독교인의 대다수는 기독교인이라기보다는 고대 유대교인에 가깝게 느껴진다. 이슬람 국가를 제외하면 거의 세계 최고 수준인 남성 '할례'(이른바 포경수술) 비율은 말할 것도 없거니와, 무엇보다 2500년 전 확립된 유대인의 각종 율법 규정이 확연히 다른 시간과 장소, 문화권에 살고 있는 한국인들에게까지 상당 부분 문자 그대로 남아 금과옥조처럼 여겨지는 현실이 그렇다.

율법의 '문자'가 아닌 '정신'을 실현하고자 한 예수가 율법을 거스른다는 이유로 율법가들에 의해 희생되었는데, 예수를 따른다는 오늘날 기독교인들이 다시 예수를 죽인 율법가의 편에 선다. "사람이 안식일을 위해 있는 것이 아니라 안식일이 사람을 위해 있는 것"이라는 예수의 정신을 여전히 반대로 알아듣는다. 사람들을 문자와 제도 안에 가두어 두고, 그것이 하느님의 뜻이라며 강권한다. '교회(에클레시아)'라는 것은 본래 예수처럼 살라고 '부름받은 이들의 모임'이지만, 현실에서는 단순히 건물이나 제도와 동일시되다시피 한다. 교회의 주체이어야 할 사람들이 교회의 이름으로 벽돌 건물이나 제도에 종속된다. 다른 종교를 '우상'으로 몰아붙이며, 자기 종교만의 정당성을 소리 높여 주장한다.

이런 것들은 모두 특정한 역사적 맥락 안에서 발생해 문자화하고 교리화한 것을 보편적 종교 그 자체로 알아듣고는 그 문자를 다른 시대, 다른 사회에도 획일적으로 적용하려는 데서 비롯된다. 사람을 살리는 '사랑'의 삶보다는 죽은 '문자'에 더 매이는 짓이라고나 할까. 그 전형적인 사례가 기독교인의 우상에 대한 오해, 그리고 유일신 사상에 대한 편견에서 잘 드러난다.

많은 기독교인들이 자신의 종교적 정체성을 '우상숭배 금지' 규정에서 찾곤 한다. 물론 그에 대한 바른 이해가 전제되지도 않은 채. 우상이란 무엇이던가. 고대 유대교에서 우상을 섬기지 말고 절하지 말라는 조항(출애굽기 20:4 ; 신명기 5:8)은 본래 동물이나 새 등의 구체적인 형상 안에서 신을 보면서 자존자自存者, 초월자(야훼)로서의 신을 다신교적 최고신 또는 부족신(엘) 수준으로 격하시켜 버리는 종교적 몰이해에 대한 경계의 표현이다. 신은 특정 형상 안에 갇히지 않는 초월자이시니 그러한 구체적인 형상을 신으로 경배하지 말라는 것이다.

그것을 강조하다 보니 어떤 형상이든 만들지도 말고 절하지도 말라는 규정도 생겨났다. 요점은 자연의 구체적인 형상 자체를 신처럼 섬기지 말라는 것이다. 신학적으로 풀자면, 물질이든 명예든 어떤 것이든 하느님보다 더 높여서는 안 된다는 뜻이다. 하느님 아닌 것을 하느님보다 높인다는 것은 무엇인가? 『신약성서』에서는 이러한 물음을 중시하면서, 숭배의 문자적 의미보다는 신학적이고 신앙적인 측면을 강조한다.

『신약성서』에는 구체적인 형상을 숭배하지 말리거나 절하지 말라는 차원의 우상숭배 금지 규정은 나오지 않는다. 그 대신 '음행', '탐욕' 등 '세상적인 일에 마음을 쓰는 행동'을 가리키는 비유적 표현으로 우상숭배(에이돌로라트리아)라는 용어를 사용하고 있는 경우가 있을 뿐이다.(에페소서 5:5 ; 빌립보서 3:19 참조)

『신약성서』에서 말하는 우상숭배는 단순히 어떤 형상에 몸을 굽히는 행위를 말하는 것이 아니다. 예컨대 이른바 우상 앞에 놓인 제물을 그리스도인이 먹으면 우상숭배의 죄를 짓는 것이라고 생각한 그리스도인들에게 초기 교회 최대의 전도자 바울은 이렇게 설교한 바 있다. 요지인즉, "우리가 믿는 하느님은 한 분이신데, 세상에 우상이랄 것이 뭐 있겠는가, 우상 앞에 놓인 제물은 그저 음식일 뿐, 구원을 얻고 못 얻고의 기준이 되지 않는다."(고린도전서 8:4~8)

다른 신 앞에 바쳐진 제물을 먹는다고 해서 영혼이 더러워지는 것이 아니다. 하느님은 정말로 한 분이신 까닭에 다른 어떤 것을 신으로 간주할 이유가 없다는 뜻이다. 절을 하는 행위도 같은 맥락이다.『신약성서』에서 말하는 우상숭배란 어떤 형상 앞에 절을 하는 그런 행위를 말하는 것이 아니다. 그보다는 하느님을 인간적인 욕심 안에 가두는 행위를 의미한다. 자신의 이익을 구하는 행위의 수단 또는 근거로 하느님을 들먹이는 행태가 하느님을 우상의 차원으로 끌어내리는 행위, 즉 우상숭배인 것이다. 보통 때는 하늘에 모셔두고 무관심해 하다가 아쉬울 때 하느님, 예수님 하며 욕구 충족을 위해 찾는 그런 수준이라면, 하느님을 욕심 안에 가두는 행위이니, 그것이야말로 우상숭배라는 것이다. 당연히 그런 우상숭배는 멀리해야 한다. "자신의 이익을 구하는 것이 아니라 남의 이익을 도모"하는 행위를 해야 하는 것이다.(고린도전서 10:24)

형상에 대한 오해

그럼에도 불구하고 한국 기독교인들은 여전히 문자주의literalism에 사로잡혀 있다. 대체로 우상의 속뜻보다는 율법의 문자적 정의에만 얽매여 어떤 형상에 절하기만 하면 무조건 단죄하는 경향이 농후하다. 불상이 그저 '상'과 연결된다는 이유로 '우상'시하고, 개신교인은 천주교인이 성모상에 절하는 행위조차 비난한다. 원칙적으로 예수를 낳은 분에 대한 공경의 표시인데, 교회사적 의미나 그 속뜻을 알려 하지 않는다. 물론 알려 주는 이도 없다. 무지하기 때문일 것이다. 그저 문자적 의미로만 알아들으니, 허리를 굽힌다는 행위만으로 단죄한다. 저도 모르는 사이에 다반사로 하는, 욕망에 마음을 굽히고 돈에 허리를 굽히는 행위가 사실상 우상숭배라는 사실에는 아랑곳하지 않는다. 거기에는 별 반성이 없다.

허리 굽혀 절하는 것을 금지하는 규정은 앞에서 말한 대로, 자연현상을 신처럼 간주하던 시절에 생긴 금지 규정이다. 하지만 오늘날엔 자연이 탈성화되어, 자연은 그저 자연일 뿐만 아니라 인간에 의한 정복의 대상이라고 생각될 정도로 무가치해졌다. 그로 인한 자연 파괴를 염려하고 반성하면서 자연주의 또는 생태학이 주요 관심사로 떠오르고 있다. 불자들이 불상에 절을 한다면, 그것은 그 너머의 진리에 존경을 표시하는 행위다. 창을 통해 밖의 경치를 보듯이, 형상 너머의 진리를 형상을 통해 보고자 하는 행위인 것이다. 요즘처럼 세속화한 세상에 어느 누가 흙이나 청동으로 만든 형상 자체를 신이라 생각하고 그것에서 복을 구하겠는가.

그런데도 이런 것을 구분하지 못한 채 이른바 '우상'을 문자 그대로 해석한 뒤 맞지 않으면 쉽게 단죄하는 경향이 지배적이다. 특히 개신교에서 제일 심하다. 하지만 유감스럽게도 그것은 그렇게 단죄되어서 죽은 예수를 다시 죽이는 행위가 아닐 수 없다. 그 예수가 옳은 분이라고 믿는다면서도 상당수 기독교인들이 자신도 모르는 사이에 여전히 예수를 단죄하는 자리에 다시 선다. 종교의 이름으로, 율법의 이름으로 사람을 죽이는 사례가 여전히 한국 사회에서 횡행하고 있는 것이다. 이것은 신의 유일성에 대한 오해에서도 드러난다.

유일신이라는 말

기독교에서는 하느님이 무소부재無所不在하다고 말한다. 하느님이 계시지 않은 곳은 없으며, 하느님이 모든 것 안에 있다는 말이다. 모든 사물들이 제각기 따로 살고 있는 것 같지만, 실상 모든 것은 하느님을 한 뿌리로 하여 살고 있다는 뜻이다. "우리는 그분 안에서 숨 쉬고 움직이며 살아간다."(사도행전 17:28) 한마디로 하느님이 모든 것이라는 뜻이며, 하느님은 한 분이라는 말의 다른 표현인 것이다.

그러나 많은 기독교인들은 하느님이 '하나'라는 말을 자의적으로 해석한다. 사실상 다신교적 최고신 수준으로 오해한다. 말은 '한 분'이라 하면서 실제로는 여러 신들 가운데 하나의 신 수준으로 격하시킨다. 말로는 유일신이라면서 실제로는 여러 신들 가운데 최고신처럼 간주하는 것이다. '하나'라는 말을 숫자 차원에서만 받아들이고 있는 것이다. 하지만 오해해서는 안 될 것은 이 '하나'가 여러 가지 것 중 일부로서의 하나가 아니라는 사실이다. 도리어 하나는 전체다. 동양의 고전인 『장자』에 이런 말이 있다.

> 지극히 큰 것은 밖이 없으니 그것을 '큰 하나'라고 한다(至大無外 謂之太一). 지극히 작은 것은 안이 없으니 그것을 '작은 하나'라고 한다(至小無內 謂之小一). 두께가 없어 쌓을 수 없이 작은 것도 (작은 하나의 입장에서 보면) 천 리 크기가 되고, (큰 하나의 입장에서 보면) 하늘과 땅도 낮고 산과 호수도 평평하다.(『장자』,「잡편」, '천하')

여기서 말하는 '지극히 큰 것은 밖이 없다'는 말, 이것이야말로 하느님의 한 분 됨을 가장 잘 말해 준다. 그 무엇에 '밖'이 있다면 공간이든 무엇이든 그것보다 더 큰 것이 있다는 뜻이다. '밖'이 없을 만큼 크다는 것은 그것이 사실상 모든 것, 즉 '전체'라는 것이다. 그것이 진정한 하나인 것이다. 그래서 "하나는 전체다!"

하느님이 무소부재하다는 말도 그것이다. 하느님은 모든 곳에 계시는 까닭에, 그 존재 방식도 다양할 수밖에 없다. 말 그대로 하느님을 모든 곳에서 볼 줄 안다면 다른 종교에는 하느님이 계시지 않는다며 저주하거나 배타하는 일도 없을 텐데, 하느님을 숫자 차원에서만 이해하고 특정 공간 안에 제한시키다 보니 실상은 하느님을 유한자로 강등시킬뿐더러 급기야 다른 종교를 정복하고 전쟁까지 불사하게 되는 것이다. 진리를 자기중심적으로 판단하는 이 오래된 습관이 생명의 살상까지 낳는 것이다.

모든 곳에서 하느님을 볼 줄 아는 안목을 가져야 한다. 하느님은 마치 자연법칙과도 같다. 자연법칙 자체는 눈으로 보이지 않는다. 그보다는 눈으로 보고자 하는 행위 자체가 자연법칙에 따르는 것이다. 자연법칙은 듣고 만질 수도 없다. 듣고 만지고자 하는 행위 자체가 자연법칙에 따른다. 하느님은 자연법칙과도 같다고 이해해도 90% 이상은 맞다. 그것이 신을 하늘에 있는 최고신처럼 생각하는 것보다도 훨씬 바른 이해다. "모든 것은 그분에게서 나오고 그분으로 말미암고 그분을 위하여 있다"(로마서 11:36) 하지 않던가. 하느님은 만물이 나오고 통하고 지향하는 곳이라는 이 구절이야말로 유일신이라는 말이 무엇을 뜻하는지 잘 보여준다.

그러나 유감스럽게도 대다수 그리스도교인은 이러한 의미에 눈을 돌리고 반성적으로 성찰할 시간을 갖지 못한다. 그렇게 된 이유는 무엇보다 한국에 전해진 기독교가 그런 기독교이기 때문이기도 하다. 한국 내 기독교는 조선의 멸망과 일제 강점이라는 불행한 역사 속에서 시작되고 미국에 대한 선망 속에서 기초가 다져진 탓에, '교리'의 본뜻을 생각할 새도 없이 한국의 특수한 정치사회적 환경 속에서 양적 성장을 도모하며 오늘에 이르렀다. 그 특징을 간단하게 규정하자면 문자적 근본주의, 다소 부드럽게 정리하면 보수주의라 할 수 있을 것이다. 한국 내 기독교, 특히 개신교의 형성 배경을 간단히 정리하면서, 왜 한국 기독교가 기독교인보다 더 많은 이들에게 비판의 대상이 되어 왔는지 진단해 보자.

공식적인 기록에 따르면, 한국 기독교(개신교)는 1884년에 시작되었다. 당시 한국(조선)은 급변하는 세계정세에 적응하지 못하고 쇄국과 쇄락의 길을 걷고 있었다. 급기야 1910년 일본에 의해 식민 지배를 받게 되었다. 나라를 잃는 엄청난 경험을 하다 보니, 그동안 나라를 지탱해 오던 전통적인 것에는 더 이상 기대지 못하는 이들이 많아졌다. 무언가 새로운 것을 찾고 싶었고 또 추구했다.

당시 상당수 한국인에게 새로운 것은 대체로 서양 문명, 특히 미국 문명이었다. 미국의 종교인 기독교를 믿으면 미국처럼 부강해질 것이라고 생각하는 사람들이 제법 많았다. 주로 기독교적 언론들이기는 했지만, 많은 신문들이 한국도 구미처럼 부강해지려면 기독교를 믿어야 한다며, 기독교에 대한 기대와 환상을 부채질했다. 물론 이런 주장들이 공개적으로 제기된다는 것은 당시 기독교에 대해 호감을 가진 이들이 제법 많았다는 뜻이라고 할 수 있다. 그러면서 기독교는 일종의 근대 문명의 '기호'와 같은 이미지로 사람들에게 심어주게 되었다.

그런데 이렇게 전해진 기독교는 불행하게도 대단히 보수적인 것이었다. 보수적 기독교, 즉 한국 기독교는 무언가를 '보전하고保 지키는守' 성향이 강하다는 것이다. 물론 보전하고 지키는 행위 자체가 문제는 아니다. 문제가 있다면 '무엇을 보전하고 어떻게 지키느냐'에, 그 '보전하고 지키는' 행위가 어떤 결과를 낳느냐에 있을 것이다. 불행하게도 한국 기독교에서 보전하고 지키려는 것은 예수가 보여준 사랑과 정의보다는 예수에 대한 문자적 믿음, 초자연적 성향의 교리들이다. 그리고 그로 인해 생겨난 제도와 형식이다. 이러한 교리와 형식에 맞지 않으면 배타하고 저주하는 것이 신앙과 진리의 이름으로 지속되어 온 것이다.

사실 이러한 종교적 배타주의는 한국인의 정서에 어울리는 일은 아니었다. 오랫동안 무교적巫敎的 기반 위에서 유불선儒佛仙의 공존을 경험해온 한국인에게 종교적 배타성과 초자연적 교리들은 대단히 낯선 것이었다. 하지만, 조선의 멸망 이후 긴박하게 펼쳐져 온 한국의 정치사회적 상황은 한국인으로 하여금 그에 대한 진지한 성찰의 시간을 갖지 못하게 했다. 전통보다는 외래의 새로운 힘에서 새로운 가치를 추구하는 것은 한편에서 보면 자연스러운 일이기도 했다.

한국인이 기독교에 대한 진지한 성찰을 하게 된 것은 해방 후 미군정 및 이승만 정권을 거치고, 1970년대 경제성장기에 기독교 대형화의 기초를 닦는 등 100여 년의 시간을 지내고서야 가능했다. 기독교의 배타성에 대한 비판적 문제의식을 갖는 이들의 흐름도 기독교의 성장세 못지않게 증가하면서, 1990년대 후반 이후 기독교의 세력은 하향 곡선을 그리기 시작했다. 더 나아가 사회적으로 반기독교적인 흐름마저 조성되자 보수 기독교 지도층은 교리적으로, 심리적으로 경직되는 현상을 보여주었고, 사회에 대한 좀 더 공격적인 선교를 통해 기독교의 양적 확장을 도모하려는 분위기가 커졌다. 이명박 정부의 출범을 전후해서 기독교인 공직자들에 의한 기독교 중심적, 종교 편향적 발언들이 유례없이 쏟아져 나오게 된 것도 사실상은 한국 기독교가 처한 사회적 차원의 위기 상황을 반영하는 것이라 할 수 있다.

이러한 반기독교적 혹은 탈기독교적 상황은 역설적이게도 기독교가 어떻게 해야 한국에서 미래를 보장받을 수 있을 것인지 돌아보게 해주는 결정적인 징표들이다. 반기독교적 정서들이 확대되고 있는 현 상황이야말로 기독교가 한국 사회에서 급격히 쇠퇴하느냐, 한국적 종교로 거듭나느냐 하는 기로에 서 있음을 알려 주는 시금석인 것이다. 한국 내 기독교의 문제에 대한 반성적 성찰이 기독교 안에서 확장되지 않는 한, 한국 기독교의 어두운 미래를 읽어 내는 것도 그다지 어려운 일이 아닐 것이다.

무신론적인, 그러나 유신론적인

리영희는 종교학자나 신학자는 아니지만, 이러한 상황을 누구보다도 더 잘 의식하고 있었다. 그는 특정 종단에 속한 종교인은 아니지만, 제도화한 종교에 대한 비판을 서슴지 않고, 때로는 종교 혐오의 언사도 마다하지 않는다. 스스로를 무신론자로 규정하기도 하고, 얼핏 반反종교인, 특별히 반기독교인처럼 보일 만한 언행을 구사하기도 한다. 제도화한 현실 종교들이 끼친 해악에서 받은 상처가 적지 않은 탓에 본말이 전도된 제도 종교에 대한 비판의 화살을 늘 놓지 않는다.

하지만 그의 종교 비판은 인간의 종교성 자체에 대한 것이 아니고, 인류의 스승 예수나 붓다 같은 분에 대한 것은 더욱 아니다. 그의 비판은 제도화한 종교를 향한 것이되, 예수나 붓다 같은 분의 가르침이 구현되기는 커녕 이기적 욕망이 진리의 이름과 혼동되고 주객과 본말이 전도된 현실에 대한 안타까움이 담긴 비판이다. 때로는 "종교라는 것은 없는 편이 나았을지 모른다"며 종교에 대한 불편한 심기를 드러내기도 하지만, 분명 종교 타파를 위한 애정 없는 배척과는 종류가 다르다. 그 자신도 때론 진정한 종교인이고 싶지만 제도화한 종교가 그의 종교적 이상을 제대로 담아내지 못하는 데서 오는 안타까움의 표현이라고도 할 수 있다. 종교에 대한 비판적 논설 내지 독설을 종종 쏟아 내곤 하지만, 그의 심중까지 비종교적이지는 않다는 말이다. 일종의 '애증'이라고나 할까.

나는 '종교'가 없지만, 부처의 자비의 가르침과 예수의 사랑의 계율을 정신생활의 지침으로 여기고 살아간다. 종교라는 낱말에 작은따옴표를 친 까닭은 일요일에 예배당이나 성당에 가서 신부나 목사의 설교를 듣는다든가 성경책과 찬송가책을 옆구리에 눈에 드러나게 끼고 다니면서 "예수 믿으시오!"를 외치는 식의 '종교'라면 그런 종교를 가지고 있지 않다는 뜻이다. 마찬가지로 꼭 절을 찾아가서 합장을 한다든가, 아파트의 문에 무슨 종파, 무슨 선방 또는 무슨 절의 신도라는 표시를 붙여 놓고 드러내 보인다든가 하는 겉모습을 짓는 것이 불교 '신도'라면 나는 불교 신도가 아니다. 나는 다만 나의 삶에서 성경을 읽고 불경을 읽으면서 석가모니와 예수의 삶을 따르고 싶어할 뿐이다.(리영희, 『스핑크스의 코』, 48쪽)

다른 데서는 자신의 종교적 정체성을 이렇게 규정한다. "나는 예수와 부처의 사상과 행덕을 기리는 데는 남에게 빠지지 않으려는 사람이지만, 그 두 분의 이름을 빌려서 행해지는 제도화된 종교와 종교 형식은 경멸하는 사람이다." 그는 제도와 형식을 정당화시키는 데 머무는 그런 신은 "차라리 없기를 바라고", 그런 "신이 없거나 종교가 없다면 인간들은 차라리 평안한 세상에서 행복하게 살 수 있지 않을까" 생각하기도 한다.(『스핑크스의 코』, 31, 34쪽) 신을 인간의 손아귀에 가두고 자신의 욕망과 자의적 판단을 정당화시키는 근거로 삼는 행위는 물론 그런 정도를 용인하는 신이라면 차라리 없는 것이 더 낫지 않겠느냐는 것이다. 신을 초월자, 창조주라 말하면서 실제로는 그 신을 인간의 알량한 계산 안에 가두고는 자의적인 판단과 동일시해 버리는 기존 종교인에 대한 비판적 훈계가 들어 있는 것이다.

종교의 안과 밖

리영희는 이러한 생각과 고백적 글들에서 자기도 모르는 사이에 종교의 외면과 내면을 구분해 말하고 있다. 예배당이나 사찰의 의례에 참여하거나 무슨 종파의 신도라는 사실을 밝히는 방식이 종교의 외적 측면의 일부에 해당한다면, 설령 그런 외적 행위에는 참여하지 않더라도, 그리고 단순히 개인적 차원에서 이루어지는 일이더라도 성경이나 불경을 읽으며 석가모니와 예수의 삶을 따르고자 하는 삶은 종교 현상의 내적 측면에 해당한다.

　이른바 종교 현상에서 중요한 것은 내적 측면이다. 물론 그 내적 측면은 외적 측면에서 영향을 받아 촉발되기도 하지만, 사람들이 흔히 '종교'라고 간주하는 그 외적 측면은 한결같이 내적 측면이 구체화하면서 생겨난 것이라는 점에서 그렇다. 내적 측면이 종교 현상의 근원인 셈이다. "네 이웃을 네 몸처럼 사랑하라"는 '문자'가 아니라, 실제로 사랑하는 '삶'이 종교의 본질을 이룬다는 뜻이다. 예배당에 출석하는 행위 자체가 아니라, 예배하는 마음 상태가 종교의 본질에 가깝다는 뜻이다.

　물론 외적 측면과 내적 측면 모두 종교 현상의 범주에 포함된다. 하지만 현실적으로는 외적 형식이 내적 본질을 온전히 담지 못하는 경우가 많다. 담지 못할뿐더러 모순적일 때도 그 못지않게 많다. 그러니 리영희가 외적 형식을 부정적으로 대하는 것은 일면 자연스럽다. 물론 그도 내적 가치에 대해서는 깊은 관심을 기울인다. 대부분의 종교학자들이 동의하고 있듯이, 이 가운데 더 중요한 것은 내적 측면이다. 그 내적 체험의 세계가 구체화하면서 외적 형식으로 나타나기 때문이다. religion이라는 말이나 그 번역어인 宗敎라는 말이 모두 '최고의 진리를 만난 인간의 마음 상태'와 관련되어 있다는 점에서, 예수나 붓다에 대한 경외감을 지니고서 그 가르침을 나름대로 구체화하려 하는 리영희는 적어도 그 내면에서 보자면 도리어 더 종교적인 사람이라고 할 수 있다. 신학자 칼 라너Karl Rahner의 표현을 빌리면, 리영희 자신은 무신론자나 비종교인을 자처하고 있음에도 불구하고, 신실한 "익명의 그리스도인"인 것이다.

그를 기독교라는 외적 형식에 가둔다는 뜻은 물론 아니다. 그것은 그 자신이 거부하고도 남을 일이다. 그러나 리영희가 동의하든 동의하지 않든 사회적 차원에서 보면 그가 예수가 보여준 가치, 즉 사랑과 정의를 구체화시켜 온 인물인 것은 분명하다. 종교를, 특히 기독교를 여러 차례 노골적으로 비판하고 스스로 무신론자이기를 자처하지만, 역설적이게도 그러한 비판을 통해 기독교 본래의 가치가 사회화한다는 점에서 리영희는 자신이 고백한 대로 "예수나 부처의 사상과 행적을 기리는 데는 남에게 빠지지 않는 사람"이고도 남는다. 그것이 종교학자나 신학자도, 특정 종교인도 아닌 리영희에게서 종교적 가치를 보는 이유이자 근거다. 이런 식으로 리영희 안에서 종교와 사회, 이상과 현실이 만나게 된다. 이렇게 무신론자 리영희에게서 유신론적 가치를 발견하는 일은 기독교 자체를 위해서도 적지 않은 의미를 지닌다.

새는 좌우의 날개로 난다

리영희의 상식 안에서 보자면 종교들이 상호 대화와 이해의 현장으로 나오는 것은 너무 당연한 일이다. 그러나 종교적 현실은 늘 그와는 반대였다. 주로 자기중심적이었고 기복적이었으며, 지성과 보편적 상식의 틀을 벗어날 때가 많았다. 그러던 차에 리영희는 타자 억압적이었던 가톨릭교회의 자기반성 및 김수환 추기경과 법정 스님이 교대로 나누었던 '대화'에서 종교가 본래 자리를 되찾게 되는 신선하고 변혁적인 사례를 본다.(『스핑크스의 코』, 75~76쪽) 김수환 추기경의 길상사 방문에 답하고자 길상사 회주인 법정 스님이 명동성당에 초청받아 설법을 했다는 소식을 듣고 리영희는 이러한 희망을 품는다.

> (법정 스님이) 명동성당의 강단에서 부처님의 가르침과 마음이 천주님의 그것과 하나이고 둘이 아니라는 종교적 진리를 설한 것은 한국의 종교사에 길이 남을 큰일이다. 이것이 한국의 종교들 사이에 아집과 증오와 배타와 독단을 버리고 관용의 시대를 여는 서막이 되면 좋겠다. …… 개신교까지 동참하여 종교 화해의 대운동으로 전개되면 좋겠다. 그날이 오면 얼마나 좋을까. 그러기 위해 각 종교의 지도부가 본격적으로 어떤 움직임을 시작하는 모습을 보고 싶다.(『스핑크스의 코』, 78쪽)

"종교들 사이에 아집과 증오와 배타와 독단을 버리고 관용의 시대를 여는 서막", 그것은 대화이고, 관계이고, 만남이다. 리영희는 인생 후반부로 갈수록 "새는 좌우의 날개로 난다"며 사회주의와 자본주의, 좌익과 우익의 조화를 역설하곤 했는데, 사실상 종교 간 대화와 화해도 마찬가지의 논리를 반영한다고 할 수 있다. 새는 오른쪽 날개로만 날 수는 없는 노릇이다. 상대방에 대한 자기의 우월성만을 강조하는 순간 그 자기 우월성이 자기도 모르는 사이에 자기를 죽음의 골짜기로 들어가게 만드는 것이다. 그는 이런 비유를 든다.

시원하게 하늘을 나는 새를 보라. 오른쪽 날개右翼와 왼쪽 날개左翼의 크기와 모양과 힘이 꼭 같다. 우리 인간들이 모여서 사는 사회도 마찬가지다. 우右와 좌左는 동격이고 동등하고 평등한 것이다. 서로 보완적이고 보강적이다. 어느 것이 옳고 어느 것이 그른 그런 관계가 아니다. 둘이 함께 동시에 있어야 인간 사회는 안전하게 진보할 수 있다. 새는 좌와 우의 두 날개로 난다.(『스핑크스의 코』, 124쪽)

좌와 우를 상보적 동격의 관계로 본다는 그의 말에 대해서는 정치적·사회적 차원에서 여러 가지 함의가 있을 수 있고 여러 가지로 해석될 수 있겠으나, 종교적 차원에서 보건대 그것은 분명히 상대방의 '인정'이고 서로 '살림'이며, 더 나아가 만물을 하느님의 귀한 피조물이자 불성佛性의 작용으로 볼 줄 아는 자세와도 통한다. 서로를 적이 아니라 이웃으로 볼 줄 아는 단계, 그것이 사회주의의 완성이자 민주주의가 이루어 내야 할 정점이다. 그는 말한다. "양극단에서부터 안으로 위치를 옮기면 서로가 적이 아니라 다만 의견이 조금 다른 '이웃'임을 알게 된다."(『스핑크스의 코』, 122쪽)

'최고'의 '가르침'

리영희는 종파 간 갈등과 대립을 넘어 보편적이고 상식적인 가치를 통합시켜, 결국 이 땅을 하늘과 같은 이상적인 세상으로 변화시키는 사랑의 삶에서 종교의 정수를 보았다고 할 수 있다. 국제관계와 사회주의와 정치 구조 및 언론의 역할 등을 거침없이 다루어 온 리영희 사유의 핵심에 비하면 다소 소박한 희망처럼 느껴질지도 모르지만, 리영희는 문장으로 강연으로 포악한 독재정치를 타파하는 험난한 길을 걸으면서 예수나 붓다의 마음도 동시에 살아 내기 위한 소박한 듯 근원적인 인류의 보편적 가치를 늘 붙든 사람이기도 했다. 그런 점에서 무신론자 리영희를 사실상 진정한 '종교 정신'의 구현자로 보는 것은 정당하다. "나는 예수의 신자이고 부처의 신도인 것이다. …… 위대한 두 분을 동시에 한꺼번에 마음 속에 귀히 모시려는 것이다."(『대화』, 509쪽) 리영희 자신이 "한국의 종교에는 혁명이 필요한 것 같다. 정말로 예수님과 부처님의 마음으로 되돌아가는 종교 혁명이 그것이다"(『스핑크스의 코』, 43쪽)라고 말했을 때의 그 '마음', 그런 '종교 혁명'이 리영희 안에서도, 리영희를 통해서도 일어나고 있었던 셈이다.

지식인의 사회적 의미와 사회에 대한 의무감을 이웃에 대한 사랑에서 찾았던 리영희는, 스스로 무신론자를 자처하든 아니든 관계없이 사회에 대한 종교적 의무감에 참으로 충실한 인물이다. 리영희에 대한 꼼꼼하고 방대한 평전을 쓴 김만수가 리영희를 일러 "상식을 실천한 평화주의자"(김만수, 『리영희 살아 있는 신화』, 607쪽)라고 규정했듯이, 종교는 값싼 기적을 포기하고 양식과 상식에 부합하는 사회질서를 만들어 가는 일에 진지하게 임할 때 참으로 종교가 된다. 이런 식으로 리영희가 던진 평범한 듯 비범한 실천적 메시지는 그 내용에 있어서 종교성의 구체적인 발현이 된다. "부처님과 예수님의 마음으로 되돌아가는 혁명"은 그가 종교에 요청한 혁명의 과제이기도 하지만, 결국은 사회적 혁명과 괴리될 수도 없고 괴리되지도 않는, 동전의 양면과 같은 것이다. 리영희는 그렇게 사회적 언어로 종교성을 충실히 구현해 낸다. 종교비판가 리영희의 종교, 즉 '최고宗'의 '가르침敎'은 바로 여기에 있다.

리 영 희 와
영 어 공 부

영어라는 우상

오길영

충남대학교 영문학과 교수. 저서로는 『이론과 이론기계 — 들뢰즈에서 진중권까지』, 『지구화 시대의 영문학』(공저), 『에드워드 사이드 다시 읽기』(공저) 등이 있다. 탈근대 문예론, 문화이론, 현대영미소설에 관심을 갖고 가르치고 연구 중이고, 비평공동체 '크리티카'의 동인이다.

http://bloom.pe.kr

영어 실력이 곧 사회적 성공의 보증수표처럼 여겨지는 시대다. 그런데 영어를 잘한다는 것은 어떤 것인가? '영어 식민주의'라는 말까지 나오는 한국 사회에서 이런 질문은 사실 어리석은 질문에 가깝다. 그러나 모두가 다 아는 원론적인 질문일수록 답하기가 쉽지 않은 법이다. '오렌지'를 미국인들의 발음에 가깝게 '아린쥐'라고 유창하게 발음한다고 영어를 잘하는 걸까? 그렇지는 않으리라. 입장을 바꿔 놓고 생각해 보면 된다. 한국어가 모국어인 한국인들은 우리말을 대개 잘한다고 여긴다. 알맹이는 전혀 없는 내용이라도 유창한 한국어 발음으로 떠들면 한국어를 잘하는 걸까? 그런 논리라면 발음과 언변이 좋은 사기꾼들이 한국어 교사나 교수가 되는 것이 합당하리라.

『영어, 내 마음의 식민주의』라는 도발적인 제목을 단 책이 나와 있다. 이 책에는 영어를 잘한다는 것의 의미를 묻는 두 개의 사례를 다룬 글이 실렸다. 이 글에서 든 첫 번째 사례는 불과 500단어로 원어민 발음에 가까운 유창한 회화 실력을 구사하는 사람이다. 그러나 500단어의 유창함은 영어 실력과는 거리가 멀다. "1년 동안 그 스페인 친구는 나에게 영어를 유창하게 말하는 테크닉과 자신감은 가르쳐 준 셈이지만 그 친구가 영어 숙제를 하는 데는 내 신세를 많이 졌다. 그리고 그 친구와 시시덕거리면서 술잔은 많이 기울였지만 알맹이 있는 대화는 나누기 어려웠다. 그런 대화를 감당할 수 있는 어휘들은 그의 '사전'에 없었으므로." (박찬길, 「500단어의 유창한 영어 실력과 어느 아랍 외교관의 차이」, 『영어, 내 마음의 식민주의』, 235쪽) 원어민을 따라 하는 발음의 유창함이 "알맹이 있는 대화"를 대신할 수는 없다.

그 반대의 사례도 있다. 어느 프랑스 주재 아랍 외교관의 경우다. 짐작하는 대로 그의 발음이나 문법은 서투르다. "필자 같은 외국인에게 그의 발음은 영어보다 아랍어에 더 가깝게 들렸다. 문법도 시원치 않았다. 더듬거리는 것도 필자의 수준이었다. 게다가 그가 대변해야 하는 후세인 쪽의 논리도 궁색하기 짝이 없었다. 그럼에도 불구하고 영어라면 세계에서 제일 잘하는 영국의 유명 정치인들과 언론인들이 그를 한 번도 제대로 이겨 내지 못했다. 필자가 보기에 그의 '영어 실력'의 요체는 풍부한 어휘력, 그리고 적절한 표현으로 조직해 내는 사고력이었다. 필자는 그 사람을 보고 나서 외국인의 영어 학습에 관해 완전히 다른 생각을 갖기 시작했다. 그러한 '영어 실력'을 어떻게 배양할 것인지는 많은 연구를 필요로 하는 문제지만, 한 가지 확실한 것은 우리가 쌓아야 할 영어 실력은 'You know'와 'I mean'으로 인터뷰의 절반을 채운다는 영국의 어느 유명 권투 선수의 '유창한' 영어 실력이 아니라 바로 그 아랍 외교관의 '사고력'이라는 점이다. 그리고 그러한 사고력은 소위 '원어민'이라고 해서 다 가지고 있는 것이 아니다." (「500단어의 유창한 영어 실력과 어느 아랍 외교관의 차이」, 236쪽) 영어 실력의 핵심은 유창한 발음이 아니라 "풍부한 어휘력, 그리고 적절한 표현으로 조직해 내는 사고력"이다. 영어를 배우는 데 있어 이 점을 명확히 하는 것이 중요하다.

이 사례에 덧붙여 내가 개인적으로 경험한 사례도 꼽을 만하다. 미국에서 유학을 마칠 무렵인 10여 년 전 경험이다. 현재 가장 독창적인 사상가 중 한 명으로 꼽히는 지젝Slavoj Žižek이 내가 당시 공부 중이던 대학에서 초청 강연을 했다. 당시 지젝은 이미 대가급의 사상가로 인정받고 있었다. 강연이 열린 학교 강당이 거의 꽉 찰 정도로 성황이었다. 강연이 시작되었다. 나는 강연 초반에는 그의 강연을 거의 이해할 수 없었다. 그의 영어 발음은 유창한 미국식 영어와는 전혀 거리가 멀었다. 한 걸음 양보해 지젝이 영어를 모국어로 사용하지 않는 외국인이라는 것을 감안하더라도 그의 발음과 표현은 영 어색했다. 그러나 놀랍게도 지젝 자신은 자신의 서투른 발음에 전혀 신경을 쓰거나 주눅 들지 않았다. 그는 그 어색한 영어 발음으로 좌중을 압도하며 자기가 하고 싶은 말을 열정적으로 두 시간에 걸쳐 쏟아 냈다.

10여 년이 지난 지금도 나는 그가 당시 했던 강연의 내용은 생각나지 않지만 그가 보였던 자신만만한 강연의 태도는 또렷이 기억한다. 그만큼 인상적이었다. 내가 느끼기에 당시 강연장을 가득 메운 영어를 모국어로 하는 '원어민'들도 그의 발음에 신경을 쓰지 않았다. 그들이 관심을 기울인 것은 지젝의 어색한 영어 발음이 아니라 강연에서 그가 주장했던 독창적인 사유의 내용이었다. 원어민 발음과는 거리가 먼 영어를 구사하는 지젝은 원어민을 능가하는 유려한 글쓰기 능력으로 자신의 저서를 거의 대부분 직접 영어로 쓴다. 그런 능력은 500단어의 유창한 영어 발음으로 대신할 수 있는 것이 아니다.

실용주의와 시장주의가 지배하는 한국 사회나 대학에서 강조하는 '영어 실력'은 혹시 500단어의 유창한 발음으로 포장된 영어는 아닐까? 영어의 '실용성' 자체는 문제가 아니다. 모든 언어는 실용적으로 사용된다. 문제는 실용의 수준이다. 어떤 수준의 실용을 목표로 영어를 가르치고 배우는가? 한때 영어 몰입 교육을 하겠다고 해서 시끄러웠다. 영어 몰입 교육은 좋은 말이다. 많은 영어교육학자들이 지적하듯이 영어를 모국어나, 최소한 공용어로 쓰지 않는 국가에서 영어 몰입 교육은 힘들다. 몰입 교육을 현실화하려면 막대한 사회적 비용과 배려가 필요하다. 따라서 그런 교육이 가능한 현실적 조건을 먼저 논의해야 한다. 영어 몰입 수업을 하려면 수업 강좌의 규모가 10명을 넘어서는 안 된다. 적정 수업인원이 5~6명이라는 것은 많은 영어 교육 통계자료들이 입증한다. 그리고 영어 수업 시간을 훨씬 늘려야 한다. 언어의 숙달은 얼마나 집중적으로 해당 언어에 노출되는가에 달려 있다.

엄청난 예산을 투입해 영어 수업의 규모를 획기적으로 줄이고 필요한 강의실을 대폭 확충한다고 해도 문제는 남는다. 누가 영어 몰입 교육을 할 것인가? 여러 통계에 따르면 지금 영어 교사 중에서 영어로 수업을 담당할 수 있는 이들은 극소수다. 대학도 별반 사정은 다르지 않다. 대안으로 원어민 강사의 확충, 교사의 재교육, 유학생의 활용, 영어 교육Tesol 전공자의 활용 등이 나온다. 이런 견해들은 영어 몰입 교육의 수준을 '관광 영어Tourism English' 정도로 이해하고 있을 뿐이다. 500단어의 유창한 발음으로 영어를 말할 줄 알면 영어를 잘하는 것이라는 견해다.

여기에는 영어 교육의 기본적인 문제가 배경으로 작용한다. 중고등학교에서 어떤 내용을 영어 수업에서 가르치는지가 문제다. 최근 각광받는 전공이 영어 교육 분야다. 영어 교사 지망생들에게 설문 조사를 해보면 가장 필요하고 유용한 강의로 영어 교수법 강의를 꼽는다. 이유는 간단하다. 교사임용시험에서 영어 교수법이나 영어 교육 이론의 비중이 크기 때문이다. 그 결과 장차 영어 선생이 될 대학생들조차 영미 문학이나 문화 강의가 중요하다고 답하는 학생들은 찾기 힘들다. 교사 지망생들이 영어 소설책도 안 읽고, 역사책도 안 읽고, 영어 신문 잡지도 안 읽고, 영미 문화도 제대로 공부하지 않는 일이 벌어진다. 오로지 영어 문제 풀이에 골몰하고 영어 교육 이론만 달달 외워 가며 임용시험을 준비한다. 그렇게 해서 교사가 되면 영어 수업에서 학생들에게 무슨 내용을 가르칠지 궁금하다. 알맹이는 없이 영어를 유창하게 지껄이는 '원어민'도 문제지만, 텍스트를 제대로 읽고 분석하고 평가하는 능력은 턱없이 모자라면서 영어 교수법 이론만 암기하는 한국인 교사 지망생을 만드는 시스템도 문제다. 제대로 영어 몰입 교육을 하려면 이런 현실적 조건을 먼저 살펴야 한다.

영어 울렁증과 실용 영어

영어 몰입 교육은 그것을 가능케 하는 조건이 구비되지 않는 한 백일몽에 불과하다. 더 중요한 문제는 영어 몰입 교육의 목표가 무엇인지가 애매하다는 것이다. 왜 모든 사회 구성원이 막대한 사회적 비용을 들여 영어 몰입 교육을 받아야 하는가? 그것은 단지 언어 교육의 문제가 아니라 한국 사회에서 영어가 갖는 의미, 또는 영어 교육의 전반적 목표와 관련되는 쉽지 않은 질문이다. 백보 양보해서 영어 몰입 교육의 조건이 완비되어 그런 교육이 가능해져도, 어떤 수준의 교육을, 무엇을 위해 할 것인가라는 문제는 여전히 남는다. 자신의 견해를 적절한 표현으로 조리 있게 전달하는 고급 영어 수준을 기대하는 것이 아니라면, 굳이 영어 몰입 교육을 하지 않아도 된다. 그러나 그 이상의 영어를 익히는 것은 만만한 일이 아니다.

영어교육학의 여러 자료들은 영어와 한국어는 언어학적으로 가장 거리가 멀며, 그만큼 상대방의 언어를 배우기가 어렵다는 걸 알려 준다. 사정이 이렇다면 영어를 배우는 것이 선천적으로 쉽지 않은 한국인들에게 '관광 영어' 수준을 넘는 영어를 모두 익히라고, 그렇지 않으면 사회에서 도태된다고 겁을 주는 것은 온당하지 않다. 오히려 영어가 한국인들에게 왜, 얼마나 필요한 것인지를 면밀하게 계산해 보고, 합당한 영어 교육의 방도를 제시해야 한다. 실용 영어에서 강조하는 실용성은 말 그대로 이해하면 된다. 영어는 필요한 분야에서 필요한 정도만큼 필요한 사람들이 익히면 된다. 그것을 잊을 때 '영어 울렁증'이 생긴다. 영어를 잘하지 못하면 왠지 불안하고 뒤쳐지는 것 같고 '성공'하지 못할 것 같은 불안감.

그런데 영어 울렁증은 왜 쉽게 고쳐지지 않는 것일까? "한국에서 영어를 강조하는 진짜 이유는 국가 경쟁력 제고에 필요한 만큼이나, 사회 지배 세력의 입장에서 볼 때 영어가 사회적 차별을 정당화할 수 있는 효과적 수단이기 때문이다. 그렇기에 한국인 모두가 영어를 잘할 필요가 없으며, 그렇게 만들 수도 없다는 근원적 문제는 쉬 가려지고 국가 경쟁력을 키우려면 모든 국민이 영어를 배워야 한다는 '헛소리'가 나온다."(송승철, 「영어: 근대화, 공동체, 이데올로기」, 『영어, 내 마음의 식민주의』, 144쪽) 영어 공부를 '국가 경쟁력'과 연결시키는 빈약한 상상력의 근거에 대해서는 굳이 논박할 필요도 없다. 다만, 실생활에서 영어가 그다지 필요 없는 사람에게도 무조건 영어를 잘해야 한다고 강요하고, 대학이나 기업에서는 무조건 어느 수준 이상의 영어 시험 점수를 요구하고, 온 국민이 유창한 '관광 영어'를 구사해야 한다고 윽박지르는 황당한 짓들이 '국가 경쟁력'과 전혀 상관이 없다는 것만은 분명하다.

이런 주장이 영어를 듣고 말하는 것의 중요성을 무시하는 것은 아니다. 요는 듣기나 말하기도 그것이 필요한 정도만큼 각자의 필요성에 따라서 익히면 된다는 것이고, 영어에 대한 사회적 스트레스를 줄이려면 각종 자격시험에서 영어 시험의 비중을 획기적으로 줄이는 일부터 시작해야 한다는 뜻이다. 그것이 영어를 대하는 '실용적' 자세다. 무엇보다 "'실용 영어'라는 관념의 핵심은 언어를 정보 전달과 의사소통의 수단으로 격하시키는 데, 혹은 생계를 버는 수단으로 격하시키는 데, 그리하여 창조적 사유와 분리하는 데 있다. 이러한 격하와 분리는 인간의 사유와 상상과 욕망을 현재 우세한 자본주의적 관계들에 가두는 데 복무하며, 따라서 자본의 증식을 영속화하는 방향으로 욕망하고 상상하고 행동하는 주체성을 창출하는 데 복무하는 것이다."(정남영, 「영미문학 교육의 과제와 번역의 문제」, 『안과 밖: 영미문학연구』 24호, 166쪽) 실용 영어가 문제인 이유는 이런 견해가 언어와 사유의 관계를 일면적으로 이해하면서, 언어를 단지 "정보 전달과 의사소통의 수준으로 격하"시키기 때문이다. 실용 영어에서 '창조적 사유'의 자리는 없다.

얼마 전 신문에 미국의 이름 있는 대학에 진학한 한국 유학생들의 절반가량이 중도 탈락한다는 기사가 실렸다. 짐작컨대 그들이 유창한 영어 발음을 못해서 그런 결과가 나온 것은 아니리라. 케케묵은 말처럼 들리지만, 대학은 고차원적 학문, 전문적 기술을 익히는 곳이다. 대학에서 자신의 전공을 제대로 공부하고 공부의 내용을 자신의 글쓰기로 독창적으로 표현하기 위해서는 실용 영어에서 강조하는 500단어 회화 수준의 영어로는 어림도 없다. 유창한 발음으로 포장된 영어를 받쳐 주는 깊이 있는 지식과 교양, 비판적이고 포괄적인 사고력이 없는 한국의 유학생들이 미국 대학에서 살아남지 못하는 것은 그런 면에서 어쩌면 당연하다.

영어는 한국인에게 외국어다. 따라서 "외국인으로서 영어를 잘한다는 것은 개개인이 영어를 사용하며 수행해야 하는 임무를 잘 수행할 수 있도록 하는 능력이지, 그들과 같은 발음, 그들과 같은 어법, 그들과 같은 관용구, 그들과 같은 욕을 하는 것을 뜻하는 것이 아니다."(「500단어의 유창한 영어 실력과 어느 아랍 외교관의 차이」, 234쪽) 영어가 한국인에게 외국어라는 당연한 사실을 잊지 않을 때, 영어를 왜 배우는지, 그 목적을 분명히

해야 할 필요성이 부각된다. 그리고 영어 공부의 목적과 방법을 구분해서 살펴야 한다. 목적이 분명해지면 학습 방법도 구체화된다.

나는 영어 공부의 이런 당연한 상식이 지니는 의미를 우리 시대 '사상의 은사'로 불리는 리영희의 영어 공부를 통해 살펴보겠다. 몇 가지 쟁점이 있다. 첫째, 영어 공부의 방법론이다. 영어를 잘한다는 것이 원어민과 같은 발음, "어법, 그들과 같은 관용구, 그들과 같은 욕을 하는 것을 뜻하는 것"인지를 따져봐야 한다. 둘째, 영어를 잘한다는 것이 그 자체로 목적일 수 있는가? 이것은 실용 영어가 내세우는 '실용성'의 의미를 검토하는 문제다. 영어를 잘하기 위한 실용적 방법들은 "개개인이 영어를 사용하며 수행해야 하는 임무를 잘 수행할 수 있도록 하는 능력"이다. 따라서 영어를 통해 수행하는 '임무'와 목적을 분명하게 규정해야 한다. 외교관의 영어, 학술 영어와 관광 영어를 모두 '실용 영어'라는 헐거운 틀로 묶을 수는 없다. 셋째, 영어와 다른 외국어의 관계다. 영어만이 외국어로서 배워야 할 언어인가? 시장주의가 득세하는 한국 대학에서 확인되는 사실이지만, 영어를 제외한 다른 외국어들은 홀대받는다. 그만큼 영어의 '식민주의'가 힘이 세다는 뜻이다. 이 문제는 영어를 배우는 '목적'이 무엇인가라는 문제와 관련된다. 리영희의 외국어 공부가 단지 영어에만 한정되지 않은 배경과 연결해 살펴볼 문제다.

리영희의 영어 공부를 돌이켜 살펴보자는 것이 그에게 배워서 써먹을 수 있는 공부 비법을 배워 오자는 뜻은 아니다. 리영희의 사례를 언급하는 이유는 지금과는 확연히 다른 시대에 영어를 익혔던 리영희의 모습에서 실용 영어의 한계를 넘어선 제대로 된 영어 공부의 본령을 확인할 수 있기 때문이다. 듣기와 말하기, 읽기, 쓰기로 나눠서 리영희의 영어 공부가 영어 물신주의와 실용 영어가 득세하는 우리 시대에 주는 의미를 살펴보겠다.

먼저 듣기와 말하기에 대해 살펴보자. 한국전쟁 때 유엔군 연락장교를 하면서 영어를 익혔던 리영희와는 달리 지금은 굳이 외국에 가지 않더라도 영어를 접하고, 듣고, 말할 수 있는 기회가 많다. 격세지감을 느끼게 된다. 외국어를 배우려는 의지만 있으면 수많은 시청각 자료들을 구할 수 있다. TV에서도 다양한 외국어 방송이 그대로 나오고, 인터넷에서는 영어를 비롯한 세계 각국의 외국어 자료들을 거의 실시간으로 이용할 수 있다. 자료나 매체가 없어서 영어를 비롯한 외국어를 익히지 못한다는 것은 변명거리가 못 되는 시절이다. 요는 언어를 배워야 한다는 절박함과 그에 따른 노력이다. 말을 배워야 할 필요성을 절박하게 느끼고, 배움의 목표를 분명히 하고, 그만큼의 노력을 기울일 때 영어 실력은 늘게 되어 있다. 리영희처럼 전쟁터에서 '실전'으로 영어를 익혀야 하는 이유를 명확히 하면 영어 울렁증의 핵심 원인인 듣기와 말하기에도 대처할 수 있다. 여기서도 각자의 필요에 따라 듣기와 말하기의 수준을 정해서 익히면 된다.

전쟁터에서 필요한 영어와 기업이나 대학에서 사용해야 하는 영어는 다르다. 그러나 무엇보다 꾸준히 영어에 노출되는 것이 중요하며, 말하기보다 듣기가 더 중요하다. 좋은 영어문장을 많이 들으면 그것을 배워서 따라 말할 수 있다. 아이들이 말을 하기 전에 수많은 표현을 반복적으로 듣는 것과 같은 이치다. 그럴 때 도움이 되는 것이 인터넷 방송이다. 그리고 이왕 방송을 들으려면 균형 잡힌 의견을 전달하는 뉴스 방송을 꾸준히, 반복적으로 듣는 것이 좋다. 다양한 미디어 매체를 활용할 수 있지만 나는 미국 공영라디오 방송(www.npr.org) 듣기를 권한다. 영어 듣기나 읽기 공부만을 위해서가 아니라 미국 사회의 다양한 문제를 비판적 시각에서 분석하는 내용들을 접하기 위해서라도 듣기를 권한다.

앞서 지적을 들어 언급했지만 말하기의 핵심은 유려한 발음에 있지 않다. 굳이 말하자면 발음에 신경을 쓰기보다는 강세(악센트)에 신경을 쓰는 것이 훨씬 낫다. 우리가 듣기에는 아주 어색한 영어로 외국인들이 말해도 '원어민'들이 알아듣는 이유는 강세를 지켜 발음하기 때문이다. 발음이 아무리 좋아도 강세가 틀리면 알아듣지 못한다. 더 중요한 것은 전달하려는 내용이다. 500단어의 유창한 발음에 원어민들은 별로 감동받지 않는다. 내 경험을 돌이켜 봐도 그렇다. 미국의 영문과 대학원 수업에서 교수나 미국인 학생들이 나 같은 외국 학생들의 발언에 귀를 기울일 때는 원어민 같은 발음으로 알맹이 없는 내용을 말할 때가 아니었다. 발음이 조금 어눌해도, 유려하지 못한 문장을 구사해도, 말하려는 내용이

신선하고 사유를 자극하면 그들은 귀 기울여 들었다. 알맹이 없는 내용을 유창한 발음으로 포장하는 사람을 보통 사기꾼 같다고 말한다.

그리고 영어로 내가 말하고 싶은 내용을 조리 있게 말할 수 있으려면 어눌한 발음에 지레 겁먹지 말고 적극적으로 말해야 한다. 영어 울렁증의 좋은 치료제는 어떤 경우에도 주눅 들지 않는 적극성 aggressiveness이다. 앞서 언급한 지젝의 경우가 좋은 예다.

알맹이 없는 영어 강의

그렇다면 한국 대학에서 '세계화'의 지표인 양 강조하는 영어 강의는 어떻게 봐야 할까? 대학 교육에서 영어는 교수와 학생들이 가르치고 배우는 전공 능력을 강화시켜 주기 위해 필요한 수단에 불과하다. 여러 연구에 의해 밝혀진 사실이고 내 경험으로도 느낀 사실이지만 동일한 강의 내용을 우리말이 아니라 영어로 강의할 때 전달되는 내용의 양과 질은 현격하게 떨어진다. 그런데 아직 자신의 모국어로도 전공 과목을 제대로 이해하지 못하는 학생들에게 영어 강의는 대외적으로 보여주기 위한 요식행위이거나 국제화를 하고 있다는 그럴듯한 포장일 뿐이다. 영어 강의에서도 영어 공부의 목적과 방법이 전도되어 있다. 내가 경험했던 영어 강의 경험을 돌아봐도 그렇다. 유학을 마치고 돌아와 어느 대학에서 한 학기 동안 영어 몰입 수업을 했다. 영어에 관심이 많은 학생들이 수강했다. 강의 시작부터 끝까지 영어로만 수업하고 토론하는 수업이었다. 그런데 학기가 끝날 때까지 나름대로 자기 생각을 영어로 활기 있게 표현하려고 하는 학생은 서넛이었다.

사정이 이런데도 왜 대학에서는 너도나도 영어 강의를 강조할까? 한 주간지에 보도된 기사에서 어느 대학 학장이 본심을 드러낸다. "같은 수업이라도 전 강의를 영어로 하므로 그 대학의 글로벌 순위가 높아지는 데 기여할 것"이라는 말씀. 영어 강의는 강의의 내실이 아니라 정체를 알 수 없는 '글로벌 순위'를 올리기 위한 광고 수단이다. 오히려 학생들이 문제의 핵심을 제대로 짚는다. "재학생 김정훈(20, 가명) 씨는 '같은 수업이라도 준비되지 않은 교수가 영어로 강의를 하면 수업의 깊이도 얕고 진도도 더 느리다'며 '우리는 한국어를 써도 수준 높은 강의를 원한다'고 말했다." 언어보다 수업의 질적 수준이 국제화의 척도가 되어야 한다는 것이다.(「영어 수업만 들으면 아이비리그?」, 『한겨레 21』 제671호)

여기저기서 내세우는 세계화를 대학이 따라 해야 하는지 나는 회의적이다. 백보 양보해서 세계화를 한다고 해도 무엇이 '세계화의 척도'인지를 차분히 따져 보지 않은 채 그저 강의실에서 알맹이 없는 영어를 유창하게 떠들면 세계화가 저절로 이루어진다고 믿는 천박한 인식은 곤란하다. 이런 인식 때문에 '원어민' 숭배 현상이 나타난다. 어느 신문에서 읽은 영어 교육 전공 교수의 지적이다. "한국말을 한다고 해서 국어를 잘 가르치는 것이 아니듯, 외국에 살았고 영어를 할 줄 안다고 해서 영어를 잘 가르치는 것은 아니라는 사실을 명심해야 합니다." (「'양보다 질' 선발기준 강화를」, 『중도일보』 2009년 6월 7일자) 이런 당연한 상식이 통하지 않는 것이 '영어 물신주의'와 '원어민 숭배 사상'이 지배하는 한국 사회의 실상이다. 그 결과 수준이 안 되는 원어민들이 수없이 한국에 들어와서 영어를 가르치며 밥벌이를 한다. 학교에서 영어를 오래 배웠으면서도 입도 벙긋 못한다는 세간의 비판 때문인지 지금 학생들이 영어로 말하는 능력은 전보다 나아졌다. 젊은 세대는 기성세대보다 영어 울렁증이 덜하다. 그러나 이런 관찰도 어떤 면에서는 피상적이다. 10년 가까이 대학에서 영어를 가르치면서 내가 느낀 것은 학생들의 읽기, 독해 능력은 현저히 떨어졌다는 점이다. 한마디로 내용(콘텐츠)은 없이 포장하는 기술만 발달한 꼴이다.

리영희의 영어 공부

이 점에서 리영희의 영어 공부 방법은 많은 시사점을 던져 준다. 리영희는 인터뷰에서 자신이 영어, 일어, 중국어, 프랑스어는 읽기, 쓰기, 말하기를 다 할 수 있고, 영어, 일어는 현지에 가서도 거의 자유롭게 구사하는 편이라고 밝혔다.(리영희, 『새는 '좌·우'의 날개로 난다』, 566쪽) 중국어는 중학교 때, 그리고 프랑스어는 대학에서 제2외국어로 배웠으며, 개인적으로 이들 언어를 익히기 위해 많은 노력을 했다고 리영희는 회고한다. 리영희의 영어 공부에서도 확인되는 일이지만 문학작품이 외국어 학습의 핵심 자료로 이용된다. 리영희의 회상에 따르면 영어를 배울 때 그는 "주로 영어 작품들을 탐독했다. 지하실에 개설된 도서관에 상당한 분량의 도서가 들어와, 문화와 교양에 메말랐던 나의 생활에 큰 낙이 되어 주었다.

영문학의 명작들을 접한 것이 이때부터다. 이 기간 동안에 상당한 분량의 작품들을 섭렵함으로써 서양의 문화, 사상, 종교, 생활관습, 역사 등에 대해서 비로소 이해가 트이기 시작했다.(리영희,『역정-나의 청년시대』, 137쪽) 실용 영어가 득세하고, 문학작품이나 고전 읽기를 통한 영어 공부는 귀신 씻나락 까먹는 소리로 여겨지는 지금 시대에 문학작품 읽기를 통해 영어 실력을 쌓은 리영희의 경험은 시대착오적인 발언처럼 들린다.

그러나 리영희의 지적은 지금도 새겨들을 가치가 있다. 상식적인 말이지만 좋은 글을 읽는 것이 언어 공부의 요체다. 좋은 글을 읽어야 좋은 글을 쓸 수 있고, 좋은 표현을 들어야 그런 표현을 유려한 말이나 문장으로 표현할 수 있다. 읽기와 듣기가 쓰기와 말하기의 토대다. 읽기와 듣기의 오랜 훈련이 받쳐주지 않으면 얻을 수 있는 영어 실력은 기껏 '500단어의 유창한 영어 실력'이다. 각 나라의 해당 언어로 씌어진 문학작품은 그 언어가 도달할 수 있는 최고 수준의 표현이 담긴 텍스트다. 그런 점에서 문학작품과 고전을 통해 외국어를 익힌 리영희의 사례는 지금도 유효하다. 문학작품은 각 나라 사람들의 삶과 문화를 그 어떤 매체보다도 총체적이고 구체적으로 보여준다. 좋은 문학작품을 많이 읽고 익히는 것이 고급영어를 익히는 첩경인 셈이다. 또한 리영희는 외국어 공부의 목표와 방법을 명확히 구분한다. 그가 일본어, 프랑스어, 중국어를 익힌 이유도 영어에만 의존한 정보나 가치판단의 한계를 벗어나기 위해서였다. 영어 외의 다른 외국어들은 찬밥 신세로 만들면서 '영어만능주의'를 내세우는 이들이 새겨들을 조언이다.

통상 언어교육의 영역을 말하기, 듣기, 읽기, 쓰기라고 정리할 때 가장 어렵고 그만큼 중요한 영역이 글쓰기다. 어떻게 해야 영어로 좋은 글을 쓸 수 있을까? 답은 간단하다. 좋은 글을 읽고 표현을 익혀야만 좋은 글을 쓴다. 리영희의 사례를 봐도 그렇다. 그는 영문학 작품 읽기를 영어 글쓰기를 연습하는 기회로 이용했다. 대학을 마치고 리영희가 기자로서 활동할 때도 문학작품 읽기를 통해 닦은 영어 실력은 중요한 역할을 했다. 그는 『워싱턴포스트』에 영어로 쓴 기사를 정기적으로 송고할 정도의 실력을 갖추었다. 그 경우에도 영어 실력보다 더 중요했던 것은 그가 쓴 기사에서 드러나는 태도이고 정신이다. 리영희는 공평한 상황 분석 능력과 정확한 관점, 그리고 한국 국민 대중의 생생한 반응을 담은 글을 썼다. 좋은 글을 쓰려면 좋은 글을 많이 읽어야 하지만 거기에 그쳐서는 안 된다.

좋은 글을 읽는다고 저절로 그런 글을 쓸 수는 없다. 그런 글을 쓰고 싶으면, 자신이 읽는 좋은 글쓰기의 느낌, 문체, 질감을 눈이나 머리가 아니라 몸으로 익혀야 한다. 그런 글들을 베껴 써야 한다. 어느 소설가는 작가가 되기 전에 자신이 좋아하는 선배 작가의 작품을 손으로 100번이나 필사했다고 한다. 좋은 글을 필사하면서 몸으로 익히는 과정이 있어야 자기만의 문체를 가질 수 있다. 영어로 글을 쓰는 경우도 마찬가지다. 좋은 영어 문장을 발견했으면 눈으로 보는 데서 그쳐서는 안 된다. 독해를 넘어 영어로 그런 글을 쓰고 싶으면 그 글을 여러 번 따라 쓰면서 글쓰기의 감을 익혀야 한다. 좋은 영어 표현을 발견하면 항상 메모하고 반복해서 연습하고 익혀야 한다. 영어 글쓰기에도 다른 왕도는 없다. 리영희가 보여주었듯이 오직 부단한 노력만이 좋은 글쓰기를 낳는다.

영어를 왜 공부하는가

리영희의 경우에서도 확인되는 진실이지만 영어 공부에 특별한 방법은 없다. 인터넷도 없고 외국어 방송도 나오지 않던 시절에 리영희가 영어를 비롯한 외국어를 익힌 유일한 방법은 각고의 노력뿐이었다. 그는 특히 영문학 작품을 찾아 읽으면서 서구 문화의 모습을 동시에 학습하게 된다. 그러나 리영희에게서 지금 우리가 배워야 할 것은 영어 공부의 방법이 아니라 목적이다. 왜 영어를 배우는가? 왜 유창한 영어를 해야 하는가? 목적이 분명해지면 방법은 자연스럽게 발견된다. 리영희에게 영어 공부의 목적은 글쓰기의 목적과 다르지 않다. 글쓰기의 전범으로 여겼던 루쉰의 말을 빌려 리영희는 이렇게 묻는다. "어떤 목적으로 글을 써야 하는가? 글을 어떻게 써야 하느냐? 누구를 위하여 쓰느냐?"(『대화』, 383쪽) 기자, 교수, 무엇보다 한국 사회를 대표하는 비판적 지성으로서 리영희의 글쓰기를 관통해 온 질문이다.

이 질문을 고쳐 물을 수 있다. 영어를 비롯한 외국어는 왜 배우는가? 어떻게 영어를 배우고 누구를 위하여 영어를 쓰는가? 리영희에게 영어를 비롯한 외국어는 진실을 추구하려는 지식인으로서 글을 쓰는 목적을 이루기 위한 수단이었다. 다양한 언어를 구사한다는 것은 세계를 조망하는 창을 더 많이 확보한다는 뜻이다. 리영희가 누구보다 날카롭게 당대의 문제를 파악하고 분석하고 대안을 제시할 수 있었던 것은 세계를 향해 열린 외국어의 창을 많이 확보했고, 그 창들을 통해 무엇을 봐야 할지를 명확히 알고 있었기 때문이다. 다시 말해 리영희에게는 영어 공부의 '정신'이 있었다. 영어 공부의 목적과 방법을 분명히 구분하는 날카로운 비판 정신이 없으면 영어는 입신양명의 방편으로 이용되거나 영어 사대주의의 추악한 표현이 된다. '정신'은 잃어버린 채 유창한 영어 발음을 구사하는 한국인은 파농Franz Fanon의 표현을 빌리면, '검은 피, 하얀 가면'의 정신적 식민지인이 된다. 우리가 지금 리영희에게 배워야 할 것은 그런 정신이다.

리영희

프리즘

다시, 지식인의 책무를 묻다

이대근

『경향신문』 논설위원. 저서로 『북한 군부는 왜 쿠데타를 하지 않나』, 『와이키키 브라더스를 위하여』 등이 있다. 『경향신문』에서 꼬박 25년을 기자로 살았고, 격주로 '이대근 칼럼'을 쓰고 있다. 전공인 북한과 남북 관계를 비롯하여 외교 정책과 정당 정치 등 한국 정치 전반을 포괄하는 글을 쓰고 있다.

야만의 시대와 지식인

"선생님의 『전환시대의 논리』와 『우상과 이성』을 읽다 말고 너무도 두려워져서 이불을 뒤집어 쓴 채 괴로움에 떨면서 꼬박 밤을 새웠습니다. 고등학교까지의 주입식 학교교육으로 구축된 신념 체계가 저의 내면세계에서 소리를 내며 무너져 내리는 것을 경험했습니다. 그것은 저에게 코페르니쿠스적 대전환이었습니다. 하지만 여태까지 거꾸로 서 있던 온갖 사물과 관계와 색깔들을 제 모습 제 색깔대로 볼 수 있다는 것은 차라리 두려움과 형벌이라는 사실도 알게 되었습니다."(리영희, 『동굴 속의 독백』, 190~191쪽) 한 대학생이 리영희에게 보낸 편지글이다. "몽롱한 의식에 끼얹은 찬물 한 바가지(강준만)"(경향신문 특별취재팀, 『민주화 20년, 지식인의 죽음』, 59쪽)였던 리영희의 저작은 수많은 젊은이들을 깨웠다. 그의 사회적 발언은 강고한 냉전의 성벽을 위협하는 치명적 무기였다. 그는 말했다. "이 엄혹했던 시대에 나는 지식인으로서의 자신에 대한 책임으로서, 그리고 인간답게 살 수 있는 권리를 위해서 싸우는 고결한 정신의 소유자들을 돕기 위해서, 많은 글을 썼고 많은 발언을 하였다."(『대화』, 15쪽) 반공 이데올로기가 가장 견고했던 시대에 활동했던 그는 냉전 체제의 한가운데로 뛰어들어 그 체제를 떠받치는 기둥 하나하나를 공격해 허물어뜨렸다.

그러나 어느 순간 이 반체제 지식인은 자신에게 퇴장 명령을 내렸다. "어쨌든 1990년대에 이르러 나라에 광명이 비치게 되었을 때, 나는 허약한 한 지식인으로서 미미하나마 사회적 책임과 시대적 소임을 다한 것으로 자위했다. 그리고 피곤하기도 했다. 그래서 인간다운 사회를 위한 또 하나의 싸움의 환호성을 들으면서 시대적 변혁운동의 전면에서 물러섰다."(『대화』, 15~16쪽) 권위주의 체제는 붕괴되었고 그는 피로를 느꼈다. "내가 할 역할은 다 했고, 남은 역할은 내가 변치 않고 그 자리에 그 모습으로 있어 주는 것뿐이라는 생각이 들었어."(『대화』, 695쪽) 그는 휴식이 필요했다. 저항과 분노의 연대를 온몸으로 헤쳐 나온 노 지식인은 자기의 시대가 끝났다고 생각했다. 사실 그의 휴식은 저항하고 고발하는 지식인의 시대가 끝났다는 신호 같았다. 그의 은퇴 선언은 저항적 지식인의 시대를 장례 치르는 의식 같아 보였다. 아닌 게 아니라 시간이 흐르면서 사람들은 점차 지배 질서와 가치, 제도의 전부를 부정하며 맨몸으로 맞서 온 이 비판적 지식인의 고결한 정신을 아름다운 추억으로 소비하고 있다. 그렇게 그는 한국 지식인의 한 전형으로 기록되어 가고 있다.

그러나 그는 과거의 인물도, 시대에 뒤진 고루한 훈장도 아니다. 그의 일이 없어진 것도 아니다. 그런데도 그가 물러난 것은 인간다운 사회가 도래했다는 확신 때문이 아니라, 항상 팽팽한 긴장감을 유지해야 하는 지식인의 사회적 발언을, 나이 들면서 육체적·정신적 한계를 느끼는 자신보다 다른 세대가 더 잘할 수 있게 되었다는 안도감 때문이었다.

사실 민주화 이후 여러 정권이 등장하고 정권 교체도 했지만, 이 사회를 일관되게 지배했던 강력한 이데올로기는 인간다운 사회와는 거리가 먼 신자유주의였다. 이 시장 만능의 이데올로기는 국가, 성장 지상주의와 결합하면서 강력한 헤게모니를 구축했고 그 결과, 한국은 자원의 배분을 전적으로 시장에 맡기는 정글 사회로 변모했다. 시장의 강력한 후원자가 된 국가는 비정규직의 폭발, 소득 격차 심화, 공공성 상실, 불평등의 확산, 사회적 양극화를 초래했고 또 방치했다. 반면 관료와 재벌의 권력은 더욱 강해졌다. 관료 및 정치권력의 통제를 벗어나 관료 및 정치권력을 지배할 수 있게 된 재벌은 민주화의 최대 수혜자가 되었다. 권위주의 체제의 해체로 불안정했던 보수 세력은 기득권을 다시 찾았고, 난공불락의 성을 단단하게 쌓았다. 서민들의 삶은 나아지지 않았고, 중산층은 해체되었다. 보수주의 헤게모니는 강화되었다. 국민소득 2만 달러 시대를 구가한다고 하지만 아이 먹일 우유가 없어 편의점에서 우유를 훔치는 가난한 이들은 여전하다. 이것이 오랜 민주화 행진의 성적표다. 더 나은 삶을 향한 꿈은 어느 순간 이렇게 멈춰 서 있다.

정치학자 최장집이 『민주화 이후의 민주주의』(2005) 서문에 쓴 충격적인 진단이 말해 주듯, 민주화 이후 한국 사회는 질적으로 나빠졌다. 권위주의 시대처럼 너무나 명백한 부정의 때문에 정의가 쉽게 파악되는 시대는 아니지만, 삶의 질의 악화는 정의가 버려졌음을 분명히 증언하고 있다. 인간다운 삶이 가능한 사회는 아직 오지 않았고 소수의 기득권 세력을 위한 질서도 그 외피를 바꿨을지언정 변하지 않은 것이다. 불평등, 억압, 배제와 차별은 세련되게 변형되고 교묘해졌다고 할 수 있어도 사라지지는 않았다.

그러므로 리영희의 퇴장은 '인간다운 사회를 위한 또 하나의 싸움'의 예고라는 사실을 잊어서는 안 된다. 물론 싸움의 방식, 내용은 리영희 시대와 다를 것이다. 여러 가지 조건과 환경은 변했다. 무엇보다 시민들이 정치적 자유를 얻었다. 비판과 반대를 한다고 고문당하거나 의문사를 당하지도 않는다. 억압과 강제는 부드러운 미소를 띠고 있다. 맞서야 할 상대는 과거와 달리 선명하지 않을 때가 많다. 때로는 극복해야 할 대상과 아닌 것의 구별이 어려울 수 있을 것이며, 지나치게 전문화되고 세분화·분절화되어 쉽게 진실이 파악되지 않을 수 있다. 분명히 드러났다 해도 쉽게 잡히지 않는 것도 있을 수 있다.

근대적 지식인과 탈근대적 지식인

탈근대 지식인의 역할에 관한 담론들은 그런 시각을 잘 반영하고 있다. 전통적 지식인상을 부정하는 미셸 푸코Michel Foucault, 장 프랑수아 리오타르Jean-François Lyotard, 지그문트 바우만Zygmunt Bauman이 대표적이다. 지식인의 담론 행위 자체를 지식을 통한 권력 추구 행위로 간주하는 푸코는 지식인의 기능은 진리를 내세워 기존 권력 관계를 정당화하는 것이라고 주장한다. 따라서 푸코는 거대 담론을 펴며 진리를 깨우쳐 주는 보편주의적 가치의 수호자인 전통적 지식인, 보편적 지식인의 역할 대신 주택·가족·병원·대학 등 특수한 부문, 즉 자신의 노동과 삶의 조건 속에서 활동하는 특수적 지식인의 역할을 강조하고 있다. 리오타르 역시 기존 지식인의 활동 자체를 타협과 화해가 불가능한 어떤 절대 가치를 내세워 자기 권력을 추구하는 '진리 정치'로 보았다. 그러나 보편적 담론을 통해 세상을 바꾸려는 입법자적 지식인은 전문화되고 다원화된 공간이 상호 소통되도록 하는 해석자적 지식인으로 기능이 변화했다고 주장한다.

다중 지성으로의 대체 가능성을 주목하는 이들도 있다. 한국 사회는 황우석 사태, 촛불 집회 등을 통해 이 다중 지성을 경험한 바 있다. 다중 지성이란 다수의 상호작용을 통해 집단적으로 지식을 공유할 때 개인의 능력을 넘어선 지적 능력을 발휘하는 것을 말한다. 특히 인터넷 공론장은 다중 지성의 가능성을 보여준 바 있다. 사회학자 조대엽은 인터넷을 비롯한 다양한 전자정보 공간을 매개로 형성되는 '전자적 대중'으로서의 다중 지성을 주목했다. 조대엽은 전자적 대중이 산업사회의 원자화된 대중과는 달리 통신기술과 뉴미디어로 네트워크화되어 전자적 공론장을 주도한다고 설명했다.

사실 인터넷 공간을 매개로 광범하게 형성되어 있는 토론방, 카페, 미니홈피, 블로그 등을 포괄하는 다양한 자발적 집단인 이 전자적 공중은 2000년대 이후 한국의 시민사회에서 가장 역동적인 시민으로 전환되었다. 실제로 인터넷 기반으로 다중 지성을 발휘하는 전자적 공중은 위키피디아나 황우석 사태 때의 브릭스처럼 지식을 축적하고 교정하는 탁월한 능력과 새로운 집단적 창의성을 발휘했다. 다중 지성도 비판적 지성으로 기능할 수 있음을 보여준 것이다. 그러나 다중 지성이라는 집합적 지성이 항상 최고의 지성을 발현하는 것은 아니다. 우선 지성이 수의 다과多寡에 의해 우월해진다는 증거는 없다. 오히려 선동에 의해 쉽게 흔들리고, 일시적 감정에 쉽게 휩쓸리는 경향도 발견된다. 그런 휩쓸림은 황우석같이 민족적 쾌거를 이루는 영웅을 만들어 숭배하고 권위를 지녔다고 여겨지는 인물에 대해 복종하고 충성하고 싶어하는 집단 심리를 자극하기도 한다. 선동, 혹은 어떤 비이성적 열정에 빠지는 대중은 역사가 말해 주듯 포퓰리즘, 파시즘의 위험성을 낳을 수도 있다. 다중 지성은 지식인의 대안이 될 수 없다.

탈근대 지식인론은 대체로 전통적 지식인의 공적 기능에 대해 비관적이지만, 그렇다고 반드시 지식인을 거부하지는 않는다. 지식인의 위상과 역할의 변화에 관해 이야기하고 있을 뿐이다. 사실 현대사회에서는 선각자나 선지자, 민중의 수호자라는 거창한 이름보다 대학교수, 사회활동가, 영화평론가, 과학저술가 등 다양한 직업 집단에 의한 담론 활동이 활발하고, 그들의 역할 공간이 확대되고 있다. 사실 지식인들의 탈근대적 과제를 위한 활동은 점차 확장되는 추세이며 지식인의 분화, 거시 담론에서 미시 담론으로의 전환과 같은 변화도 쉽게 목격되는 현상이다. 한국 사회에서 탈근대적 지식인의 역할은 그만큼 중요하다.

그러나 한국 사회는 근대를 완성하지 않은 채 탈근대로 건너뛴 사회다. 근대와 탈근대가 공존하는 비동시성의 동시성을 특징으로 하고 있는 것이다. 한국은 여전히 분단과 냉전의 시간 속에 갇혀 있다. 냉전 반공 이데올로기에 따른 법의 질서가 온존한다. 식민주의의 산물인 민족주의가 탈식민주의의 오랜 세월이 흐른 지금에도 여전히 기승을 부린다. 부국강병론이 아직도 '국민'의 가슴속에 국가의 이상으로 자리 잡고 있다. '국민'은 언제든지 국가적 목표를 위해 동원될 수 있는 대상으로 여겨진다.

발전국가, 토건국가가 다시 부흥한다. 그러나 다른 한편에는 평화주의, 생태주의, 개성과 자아의 중시, 동성애 등 소수자에 대한 존중, 여성주의가 공존한다. 따라서 한국에서는 근대의 지식인 역할과 탈근대의 지식인 역할을 서로 대체할 수 있는 관계로 보아서는 안 된다. 전통적 지식인과 탈근대 지식인이 직면하는 모순들을 모두 고스란히 안고 있는 한국 사회에서는 근대적 지식인과 탈근대적 지식인의 이분법은 잘 어울리지 않는다.

그런 점에서 지식인의 역할에 관한 안토니오 그람시Antonio Gramsci와 장 폴 사르트르Jean-Paul Sartre의 논의도 한국 사회에서 여전히 유효하다고 할 수 있다. 그람시는 유기적 지식인 개념을 도입하면서 계급을 초월한 독립적인 범주로서의 전통적 지식인을 허구로 간주하고 지식인도 계급이 있다고 제시했다. 유기적 지식인이란 한 계급이 계급 자신의 이익을 위해 배출한 자생적 지식인을 말한다. 지식인은 계급 속에서 자생적으로 형성되기에 유기적이다. 노동계급이 자생적으로 배출한 유기적 지식인은 노동계급의 이익을 대변하면서도 다른 계급의 이데올로기를 포괄하는 이데올로기를 만들어 내 부르주아 이데올로기를 무너뜨리고 가장 보편적인 계급인 노동계급의 승리를 쟁취하게 한다. 말하자면, 당파적인 지식인론이다. 전통적 지식인 대 유기적 지식인의 대비가 옳든 그르든 자기 계급 전체를 위한 보편성을 추구해야 한다는 그람시의 요구는 여전히 경청할 만하다.

인간 해방을 위한 지식인의 보편적 역할을 강조하는 사르트르의 지식인론도 여전히 강력한 힘을 갖고 있다. 사르트르는 지식인이란 자기와 상관없는 일에 참견하는 사람이라고 정의했다. 지식인은 모든 일이 자기와 관계 있다고 생각하는 사람이다. 이 세상과의 관계 맺기는 당연히 비판적 개입을 전제로 한다. 그래서 지식인은 위험한 인물이며, 위험하지 않은 지식인은 지식인이 아니다. 지식인은 자신의 지적 영역에서 쌓은 명성을 이용해서 사회와 정치권력을 비판하며 인간의 해방을 추구하는 사람이기 때문이다.

지식인 활동의 배경이 사회현상을 설명하려는 지적 본능의 발로일 수도 있고, 사회 참여를 통해 사회를 변화시켜야 한다는 신념의 윤리가 작동한 결과일 수도 있고, 남 앞에 나서고 싶어하는 노출 본능일 수도 있다. 아니면, 지적 활동을 통해 담론을 지배하려는 권력의지의 산물일 수도 있다. 중요한 것은 지식인 활동의 배경이 무엇이든 지식인으로서 독립성과 비판정신을 잃지 않고, 또는 기능인으로 전락하지 않고 소외받는 이들, 가난한 이들을 위해 일을 하고 있느냐 아니냐에 있다.

한국 지식인의 자화상

그런데 한국 지식인들은 자기 어깨 위에 놓여 있는 짐을 내려놓은 것 같다. 지식인들은 이제 무엇은 해도 되고, 무엇은 해서는 안 된다는 경계선과 금기가 사라졌다고 생각하는 것 같다. 자기의 욕망과 이익에 따라 다양한 정치적 선택을 할 수 있도록 허용받았다고 믿고 있다. 특히 정권이 쉽게 교체될 수 있다는 점이 분명해지면서 권력 참여는 지식인으로서 선택 가능한 항목의 하나가 되었다. 사실 지식인이 보유한 전문 지식은 비판 담론을 위한 것만은 아니다. 집권은 많은 지식을 필요로 한다. 또한 집권이 사회 변화에 미치는 힘을 고려하면, 지식인이 자기의 신념을 실현하기 위해서라도 공직 참여는 필요하다. 민주주의 사회에서 지식인이 정치권력의 일부로 참여하는 것은 예견 가능한 것이며, 바람직하기도 하다. 말하자면, 정치권력 참여는 개인적 선택의 문제이지 사회적 문제가 될 수 없다. 그렇다면 문제는 신념과 권력이 조화롭게 결합할 수 있느냐 하는 점이다. 결론부터 말하자면 그것은 별로 성공적이지 않았다.

한국에서는 일단 권력의 중심이 형성되면 지식인들이 구름같이 한곳으로 쏠리다가 그 권력의 중심이 해체되면 흩어지고, 새로운 권력이 형성되면 다시 그 주위로 몰려드는 강력한 군집성을 띠고 있다. 마치 지식인들이 새로운 권력이라는 시장에서 자기 지식을 거래하는 상인이 된 듯 하다. 노무현 정부에 참여한 지식인의 한 양상을 전영평 대구대 교수는 『민주화 20년, 지식인의 죽음』에서 이렇게 소개했다. 길지만 인용해 본다.

신문이나 방송에 출연해서 이념적 논쟁을 일삼는 정치 지식인들이 얼마나 자기 판매에 능숙한 사람들인가를 잘 모르고 있다는 것이다. 그들 정치 지식인에게 좌파 성향이니 우파 성향이니 하는 것은 어쩌면 겉옷을 갈아입는 것과 같은 것인데 말이다. 그들 지식인은 진보로 해달라면 진보로 코드를 맞출 것이며, 보수로 해달라면 보수로 코드를 맞출 것이다. 그동안 변방을 떠돌며 권력에 굶주린 비주류 정치 지식인들에게 노무현 정부는 한판 놀 수 있는 일터를 제공한 셈이다. 그들에게는 진보나 보수라는 코드, 좌파나 우파라는 코드보다는 청와대가 원하는 코드가 무엇이며, 무엇이 자신의 출세에 도움이 되는가에 대한 면밀한 계산이 중요했다. 그래서 그런지 이라크 파병, 한미 자유무역 협정과 같은 우파적 정책에도 청와대의 코드에 맞추어 처신을 이리저리 바꾸면서 제자리를 지키는 수완을 발휘했다. 장관이 되라면 장관이 되고, 장관 사직하고 선거에 나가라면 나가고, 선거에 지면 다시 공직에 돌아가고, 위에서 지시하면 정치적 충성자를 공무원으로 만들어 주는 것이 그들의 코드였다. 대통령보다 앞서서 정권 홍보의 괴벨스와 같은 역할을 자임하는 사람도 있다. 그럼에도 불구하고 이들 정치 지식인의 코드는 정말로 잘 맞지 않는 것 같다. 권력에 대한 충성심이라는 코드 외에는 진보라는 코드도 보수라는 코드도 발견하기 어렵기 때문이다.(전영평, 「노무현의 '위원회' 정부와 지식인, 『민주화 20년, 지식인의 죽음』, 116쪽)

선거철이 되면 승자가 될 가능성이 높은 캠프에는 지식인이 구름처럼 몰린다. 그러나 패자가 될 가능성이 있는 캠프는 한산하다. 승자 캠프에서는 권력 참여라는 보상을 받을 수 있는 반면, 패자의 캠프에서는 그런 보상을 기대할 수 없기 때문이다. 예컨대 이명박 대통령 후보 캠프에는 수많은 교수들이 참여했다. 특히 유례없이 많은 대학 총장들이 이명박 후보에게 줄을 섰다. 이들 지식인들이 모두 이명박 후보의 보수 노선에 공감하고 보수적 신념을 실천할 수 있다는 생각에 참여한 것은 아닐 것이다. 정치적 보상이 확실하다는 판단 때문에 자기의 지식 제공 혹은 명성 이용에 대해 제값을 받을 수 있다는 계산이 더 크게 작용했을 수도 있다. 그런 보상을 위해 많은 교수들이 평소 자기 신념이라고 공표해 왔던 것을 헌신짝처럼 버리기도 했다. 그것은 열세인 캠프가 한산한 것과 같은 맥락이다. 지식인의 활동이 권력에 의해 보상받지 못하면 아무 가치가 없다고 생각하는 것 같다.

정운찬 국무총리는 한국 지식인의 한 존재 양식을 보여준다. 2007년 대통령 선거 당시 집권 세력의 후보로 거론되었던 정 총리는 당시 서울대학교 총장으로서 한국 지식인의 상징이었다. 그는 유력한 이명박 대통령 후보와 맞설 여권의 후보로 나서기 위한 행보를 했다. 그러나 여권의 승산이 높아 보이지 않고, 여권도 그를 영입하기 위해 적극적인 노력을 하지 않자 오랜 저울질 끝에 대선 불참을 선언했다. 그러나 이명박 정부가 출범한 뒤 총리로 참여하는 변신을 했다. 케인즈주의자로서 신자유주의적인 경제 정책에 대한 비판적 의견을 적극 피력해 온 그의 신념은 이명박 정부의 신자유주의 노선과 맞지 않았다. 그래서 이명박 정부 참여를 정당화하지 않을 수 없었던 그는 이명박 대통령과 자신의 소신이 별로 다르지 않다는 변명을 해야 했다. 서로 대립하는 두 정치 집단을 마음대로 넘나드는 그 유연성과 자유정신, 넓은 선택의 폭은 새삼 놀라움을 선사한다. 국회 청문회에서 드러난 크고 작은 결함과 비리에도 불구하고 한때 존경받는 지식인으로서 처신할 수 있었던 그의 재능은, 그가 리영희와는 다른 지식인임을 분별할 수 있게 해준다. 사실 한국에서 그런 재능을 지닌 지식인은 한둘이 아니다. 아니, 그런 지식인이 한국 지식인을 대표한다고 보는 것이 진실에 더 근접하는 것일지 모른다.

한때 대표적인 진보 지식인이었지만, 2007년 대통령 선거 정국에서 자신에 대한 세상의 시선을 보기 좋게 배반한 소설가 황석영을 통해서도 정운찬류의 지식인이 예외적인 존재가 아니라는 판단을 내릴 수 있다. 대통령 선거 정국에서 중요한 역할을 하겠다고 뛰어든 황석영은 한나라당 경선을 포기하고 탈당한 손학규 전 경기도 지사의 명백한 반칙에도 불구하고, 자신의 오랜 친구인 손학규를 대통령 후보로 만드는 게 시대적 요구라며 그를 위해 총대를 메겠다고 자처했다. 황석영은 진보와 보수를 아우르는 중도가 필요하다며 보수정객인 그를 개혁 세력의 대안인 듯 주장하기도 했지만, 대통합민주신당 경선에서 정동영 후보가 승리하자 패배한 손학규 후보 대신 정동영 후보를 지지하는 선언에 참여했다. 이는 대선 이후의 극적 변화에 비하면 시작에 불과했다. 이명박 후보의 낙선을 위해 나섰던 그는 이 후보가 대통령이 되자 협력자로 변신했다. 당연히 그는 지식인의 변절이라는 비판에 직면했고 그 때문에 반성의 뜻을 밝혔다. 그러나 이명박 정부의 소통 부재를 은폐하기 위해 설치한 사회통합위원회가 출범할 때 그는 위원으로 다시 참여했다. 그는 권력의 일부가 되려는 욕구 앞에 자신의 명성을 스스로 무너뜨리고 말았다.

권력의 분배를 갈망하는 지식인들에게는 견해 차이가 사치스럽거나 혹은 사소해 보이거나 거추장스러운 것이 될 수 있다. 그러나 지식인이 자기의 말과 글을 통해 명성을 쌓고, 지적 권력을 행사한다는 점에서 그렇게 가볍게 취급할 것은 아니다. 총리 자리로 바꿔치기 할 수 있는 신념이었다면, 그 신념 때문에 명예와 권위를 부여한 한국 사회는 농락을 당한 셈이 된다.

정권 교체를 통해 다른 권력이 창출되고 그 결과 지식인들도 교체된다면, 즉 자기의 신념에 맞는 자리로 돌아간다면, 논쟁의 여지는 별로 없다. 문제는 어떤 지식인들은 정권 교체에도 불구하고 교체되지 않는다는 사실이다. 두 정권에 양다리를 걸치는 재주 좋은 지식인들이 너무 많다. 그들은 존경받지 못한다 해도 좋은 대접을 받으며, 부러움의 대상이 되기도 한다.

물론 정권의 변화가 지식인의 정치 참여에 전혀 변수가 되지 않는 이런 해바라기 현상이 전적으로 지식인 탓이라고 할 수는 없다. 교대하는 권력의 차이가 크지 않다면, 지식인의 교대 역시 불가피한 것은 아니기 때문이다. 보수 헤게모니 체제에서 여야가 서로 위치를 바꾸어도 크게 구별할 수 없는 것이라면, 사실 지식인의 중첩성은 피할 수 없다.

한국 사회의 특별 계급

지식인이 이렇게 쉽게 권력과 친해지고 권력 그 자체가 될 수 있게 해주는 다른 요인은 지식인에 대한 한국 사회의 특별 대우다. 한국에서 지식인은 특별 계급이다. 지배계급과 피지배계급에 속하지 않는 중간자적 존재라기보다는 지배계급에 못지않은 사회적 특권을 소유한 집단이다. 무엇보다 말과 글로써 담론을 펴는 지식인에 대한 한국 사회의 전통적인 존경심은 지식인에게 남다른 발언권을 부여한다. 지식인은 자신의 지식과 담론, 사회적 존경심으로 빚은 상징 자본을 통해, 선출되지 않았으면서 웬만한 국회의원 못지않은 정치적 발언을 하고, 관직을 차지하지 않고도 공직 사회에 영향력을 행사하며, 지분을 갖고 있지 않고도 기업을 통제한다.

게다가 지식인은 한국 특유의 학벌 체계의 수혜자이기도 하다. 한국 사회에서 학벌은 권력과 부, 명예를 배양하는 인큐베이터 역할을 한다. 그 학벌의 그물망에서 가장 중요한 고리를 차지하고 있는 게 지식인이다. 따라서 지식인은 권력과 명예, 부의 축적에서 다른 어떤 집단에도 비견되지 않는 비교 우위를 갖고 있다. 지식인은 대체로 한국에서 계급 투쟁을 대신하는 교육 경쟁이 낳은 학벌 세상의 승자다. 폐쇄적으로 변하는 학벌 체계는 리영희처럼 가난한 집안에서 지식인을 배출할 가능성을 차단한다. 부가 교육의 질을 결정하고, 고품질의 교육은 다시 부를 창출하는 재생산 구조가 자리 잡혀 가고 있는 한 이 순환의 고리에서 배제된 가난한 자는 결코 학벌 체계에서 지식인으로 성장하는 일이 드물 수밖에 없다.

한국 지식인을 특별하게 만드는 다른 요인은 미국이다. 한국 지식인은 미국에 의해 대량생산된다. 미국을 배우고, 미국을 한국에 재현하기 위해 총력을 쏟는다. 『민주화 20년, 지식인의 죽음』에 따르면 1948년부터 2007년 6월 현재까지 학술진흥재단에 해외 박사 학위논문을 신고한 이는 2만 4691명이고 이 가운데 미국에서 학위를 받은 사람은 1만 3782명으로 55.8%다. 2007년 6월 현재 서울 소재 아홉 개 대학(경희대, 고려대, 서강대,

서울대, 성균관대, 연세대, 이화여대, 중앙대, 한양대)의 정치외교학과, 경제학과, 사회학과 교수 365명의 박사 학위자 가운데 미국 박사는 83.8%였고, 한국 박사는 6.6%였다. 미국 박사를 해야 대학교수가 될 수 있다는 것을 실증하고 있다.

경제평론가 정태인은 『경향신문』 칼럼에 흥미로운 글을 쓴 적이 있다. 장하준 영국 케임브리지 대학교 교수가 서울대 교수 직을 세 번 지원했지만 모두 실패한 이야기였다. 당시 한 서울대 교수가 장 교수를 두고 "삼류 잡지 에디터가 무슨……"이라고 했다는 것이다. 장 교수가 케임브리지 대학교 경제 저널 편집자였던 걸 두고 하는 말이었다. 신자유주의의 본산 시카고학파가 미국 주류 경제학의 보통명사가 된 현실에서 한국의 경제학 교수 역시 시장주의에 토대를 두지 않고 수학과 통계를 동원하지 않은 경제학은 경제학으로 간주하지 않는 미국 식민지 경제학의 신민임을 보여준다. 이렇게 미국은 한국의 지식 공장이 되었다. 그것을 온전한 지식이라고 할 수는 없으며, 그 편견을 숭배하는 이들을 사회적 책임을 다하는 지식인이라고 할 수도 없다.

지식인은 경제권력과의 친화성도 높다. 일반적으로 지식인은 삼성을 비판하지 않는다. 현재는 물론 미래를 위해서도 삼성과 같은 경제권력과 나쁜 관계를 맺지 않도록 세심하게 신경 쓰기 때문이다.

그리고 지식인은 스스로 소수로 고립되어 있기를 원치 않는다. 다수의 일부로 남기를 원하며, 시민 전체를 대표하는 자격을 유지하기를 바란다. 이 때문에 자신의 정치철학이 설혹 진보정당에 가깝다 해도 한국 정치의 변방에 있는 진보정당을 지지하는 별종의 지식인으로 사회적 낙인이 찍히는 것을 두려워한다. 이런 삶과 앎의 불일치는 한국 지식 사회의 고질병이다.

다른 세상을 위한 지식인의 책무

한국은 지금 어디에 서 있는가? 지식인의 책무가 무엇인지 그 성격을 올바로 파악하고 행동하기 위해서는 한국 사회의 위치를 알아야 한다. 인터넷 혁명은 한국인의 일상을 바꾸고 있다. 개인들은 개체로서 독립되어 있을 뿐 아니라 서로 촘촘한 망으로 연결되어 있기도 하다. 이런 사회에서 개인은 욕망하고 소비하는 하나의 주체이면서 특정 이슈를 따라 하나의 집단을 이루고, 어느 순간 다시 개인으로 흩어지는 다양한 모습으로 변주되는 존재다. 또한 비정규직, 이주노동자가 이 사회의 주요 구성원으로 등장했다. 소수자 문제도 한국의 새로운 모순이 되었다. 여성의 자유와 해방이라는 문제뿐 아니라, 동성애 등 성적 소수자 문제도 점차 우리의 새로운 태도를 요구하고 있다. 생태계의 위기와 지구온난화 등 인류 생존 조건의 변화라는 새로운 도전도 우리가 당면한 현안이다.

이런 탈근대적 과제는 그에 합당한 지식인 역할의 변화를 요구한다. 거대 담론이 아니라 미시 담론, 좁은 영역에서의 전문가적 식견이 중요해지는 것이다. 고유 전문 영역에서 새로이 부상하는 이런 모순의 중요성을 일깨우고, 시민들과 소통할 수 있도록 이 과제들을 해석하고 유통시키는 역할이 필요하다. 이런 점에서 입법적 지식인이 아니라 해석적 지식인, 보편적 지식인이 아니라 특수적 지식인의 중요성을 강조하는 탈근대적 지식인론은 오늘의 한국에서도 요구되는 지식인의 상이라고 할 수 있다.

그러나 한국은 21세기의 미래를 향해 달리는 일면적 모습만으로는 설명되지 않는다. 서로 모순되는 한국의 다른 많은 얼굴들을 놓쳐서는 안 된다. 우선 한국에는 분단과 전쟁의 시간이 함께 흐르고 있다. 정치는 보수 세력에 의해 독점되어 있다. 북한이 국가를 참칭하는 반국가 단체라고 우기는 국가보안법이 여전히 시민들을 잡아가고 있다. 국가는 아직도 애국가를 부르지 않고 국기에 대한 충성의 맹세를 하지 않는다는 이유로 공무원 노조를 탄압한다. 국가주의가 기승을 부리고, 정부는 신중상주의적 경제 정책을 추구하며, 자연 생태를 파괴하는 건설 공사가 녹색의 이름으로 전국을 뒤덮고 있다. 한국은 이같이 탈근대적 과제 외에 근대적 과제가 중첩되어 있다.

이런 모순의 중첩성과도 관련이 있지만, 한국에서는 민주주의적 과제도 여전하다. 근대와 탈근대를 넘어온 한국의 민주주의는 이 사회를 구성하는 다수의 시민, 서민에게 더 나은 삶과 행복을 가져다주지 못하고 있다. 특히 시장, 자본, 미국이 지배하는 한국 민주주의의 질은 매우 낮다. 미국, 시장, 자본이 지배하지 않는 민주주의는 리영희가 평생을 바쳐 추구해 온 목표이기도 했다.

신자유주의의 시장 만능주의는 한국인들의 지배 이념이 되어 있지만, 한국인들은 그것이 자기들의 사고, 활동, 생활의 배후가 되어 있는지도 모를 정도로 그것과 일체화되어 가고 있다. 그런데도 마치 탈이념의 세상 속에서 자유롭게 사고하고 행동한다고 믿고 있다. 한때 지식인들이 구원하고자 했던 가난한 이들은 여전히 가난한 채 삶의 질곡에 갇혀 있다. 사회적 양극화의 심화, 88만 원 세대의 등장이 말해 주듯이 더 본질적인 억압의 구조, 차별과 불평등이 이 사회에 그늘을 드리우고 있다. 시민의 자유권은 어느 정도 보장되는 데 비해 복지 등 사회적 시민권은 열악하다. 삶의 질이 이토록 나빠지고 있지만, 이 사회는 그런 모순은 불가피한 것이며, 나아가 성장을 위해 필요하다는 인식까지 드러내고 있다. 마치 이런 모습이 21세기 한국 선진화의 자연스러운 현상으로 비치기도 한다.

물론 한국에는 자유가 있다. 그 때문에 미국, 시장, 자본은 우리의 자유로운 선택의 결과라고 믿기 쉽다. 그러나 우리가 맘껏 누리고 있다고 여기는 자유가 진정 이 사회의 주인인 일하는 시민 다수가 자기의 이익을 위해 스스로 선택해서 얻어 낸 결과인지는 생각해 볼 필요가 있다. 다른 선택의 여지가 없었던 상황에서 강요된 것을 자유라고 이름 붙인 것인지도 모르기 때문이다. 대안이 없는 사회에서 주어진 현실을 받아들이는 것은 온전한 자유인의 모습은 아니다.

리영희는 사르트르를 인용해 자유의 의미를 절절하게 전했다. 사르트르는 독일 점령하에 있을 때처럼 자유로웠던 예가 없었다고 했다. 일체의 권리를 박탈당하고 매일 정면으로 모욕을 당할 때 올바른 사고를 할 수 있다는 것이야말로 자유라고 했다. 막다른 골목에 쫓겨 있었던 까닭에 거동 하나하나가 앙가주망의 무게를 지니고 있었다고 했다. 억압자에 저항함으로써 자유를 느꼈던 그에게는 저항만이 진정한 민주주의였다.

사르트르는 지배계급의 사주를 받아 자칭 엄격한 논증을 통해 특수 이데올로기를 옹호하려는 자를 사이비 지식인이라고 정의했다. 사르트르가 말하는 특수 이데올로기는 물론 지배계급의 이데올로기다. 지식인은 이런 특수 이데올로기가 아니라 보편적인 이데올로기, 즉 억압받는 자의 이데올로기를 생산해야 한다. 그람시의 유기적 지식인의 역할도 이와 다르지 않다.

지식인이 반드시 선지자, 민중의 수호자, 선각자일 필요는 없다. 그러나 다른 삶, 다른 가치, 다른 세상도 존재할 수 있음을 알려줘야 한다. 다른 선택의 자유를 제공해야 한다. 새로운 삶을 추구할 기회를 줘야 한다. 그렇게 하자면 우선 한국 지식사회, 지식인이 바뀌어야 한다.

사회 변화와 그에 따른 지식인의 역할 변화는 리영희 이후의 지식인들이 직면해야 할 과제의 복잡성과 어려움들을 말해 줄 뿐 지식인의 책무가 가벼워졌다는 것을 의미하지 않는다. 지식인의 할 일은 아직 많다. 시민들이 해방과 자유를 맛보지 못하고 있는데 지식인들이 먼저 해방과 자유를 구가할 수 없다. 리영희의 퇴장은 임무 교대에 불과하다. 그러므로 지식인이 발언하지 않고 행동하지 않는 것은 직무 유기다.

리영희는 말했다. "인간은 누구나, 더욱이 진정한 지식인은 본질적으로 자유인인 까닭에 자기의 삶을 스스로 선택하고 그 결정에 대해서 책임이 있을 뿐만 아니라 자신이 존재하는 사회에 대해서 책임이 있다."(『대화』, 14쪽)

리 영 희 와
기 자

진짜 기자의 멸종

안수찬

『한겨레 21』 사회팀장. 저서로 『기자, 그 매력적인 이름을 갖다』, 『스트레이트를 넘어 내러티브로』, 『희망으로 가는 길 – 한겨레 20년의 역사』(대표집필), 『1인 미디어, 기획에서 제작까지』(공저) 등이 있다. 1997년 11월 한겨레신문사에 입사해, 정치부, 문화부, 사회부 등에서 일했고, 한국언론재단 저널리즘스쿨 강사를 거쳐 현재 세명대학교 저널리즘스쿨 강의교수를 맡고 있다.

언론인 리영희는 진정한 특종 기자다. 세계 정치의 맥을 잡아 혈을 찔렀다. 그런 특종 기사가 부지기수다. 국내 질서는 휘어잡았으나 국제 질서에서 비루했던 이 땅의 권력자들을 끝없이 불편하게 만들었다. 언론인 리영희는 참된 지식을 궁구했고 또한 기꺼이 나누었다. 독서의 넓음과 깊음은 현대사를 통틀어 따를 자가 별로 없고, 그에 바탕한 글쓰기는 비겁한 삶을 각성시키기에 부족함이 없었다. 그의 글은 방황하는 지식인에게 양심을, 주린 민중에게 밥을 주었다. 밥이 되는 양심을 나누어 주었다.

언론인 리영희는 언론 밖의 것에 마음을 두지 않았다. 돈과 권력은 그의 영토에 둥지를 틀지 못했다. 가족을 돌볼 만큼의 돈과 권력도 허락하지 않았는데, 매정한 아들, 아비, 남편의 기억은 곧고 청빈한 그의 땅에서 유일한 회한이다. 그래도 언론의 길에 매진하여 진정한 문화 권력을 이루었다. 그로 말미암아 기자라는 몹쓸 직업이 그나마 빛났는데, 지식과 양심으로 지어 올린 철옹성에서 그는 삿된 뜻이 없는 독재자다. 여전히 범접할 후배가 없어 권좌에서 내려오지 못하고 있다.

이 모든 성취를 입증할 정보가 이 글에는 없다. 그것을 필설로 옮겨 담을 능력이 없을뿐더러 그런 내용이 궁금하다면 언론인 리영희의 글을 직접 씹어 삼켜야 도리다. 지금부터는 그에게 무한한 열등감을 지닌 후배 기자의 잡소리다.

나는 리영희의 아들이 아니다. 70년대에 태어났고, 80년대엔 너무 어렸으며, 90년대에 비로소 젊은 시절을 보냈으니, 그의 드높은 이름에 대한 감동이 나에겐 없다. 그를 스승으로 모신 이들은 모두 나의 대선배였다. 세상 돌아가는 이치에 뒤늦게 눈을 떴을 때, 그는 이미 원로의 반열에 올라 있었다. 굳이 따지자면 방계 증손자뻘이 되려나. 그러나 리영희는 아마도 "너 같은 손자 듣도 보도 못했다" 할 터이니, 그나마 쉽게 내뱉을 말은 아니다. 노여워하실 일을 한 번 저지른 뒤로는 깍듯하게 인사드리는 것도 저어되는 처지다.

1997년 겨울, 한겨레신문사 3층 교육실에 수습기자들이 모여 앉았다. 한 달 전에 입사한 그들은 사내 교육 중이었다. 여러 강의의 연속이었다. '현장 투입'이 임박해 있었다. 기대와 공포에 휩싸인 풋내기들은 점심 때 술 마시고, 저녁 때 술 마시며 하루를 보냈다. 선배들이 부서별로 번을 돌아가며 밥과 술을 냈다. 본말이 전도되어 강의 때 자고, 식사 때 깼다. 어느 날, 리영희 선생이 오셨다. 마침 점심 식사(라기보다는 점심 음주) 직후였다.

모두 잤다. 누구는 허리를 세우고 잤고, 누구는 엎드려 잤다. 그들 중 하나였던 나도 잤다. 선생의 붉은 뺨과 흰 머리가 기억에 남는다. 물컵을 들었다 놓았다 하셨던 기억도 난다. 오직 무슨 말씀을 하셨는지를 기억할 수 없다. 선생의 말씀이 끝나고 인사부의 선배가 당혹스러운 표정으로 강의실에 들어왔다. "아니, 어떻게 리영희 선생 강의 시간에 졸 수가 있어?"

무안해진 우리는 소 잃고 외양간 고칠 궁리를 했다. 앞으로 꼭 한 명씩은 술을 먹지 말자. 대신 강의를 열성적으로 듣고 질문까지 하면서 나머지의 졸음을 엄호하자. 강사의 심기가 영 불편해지면 곁의 동료를 깨우는 불침번 노릇까지 하면 되잖아. 좋은 생각이라고 서로 낄낄댔던 모습이 아련하다. 90년대 초반에 대학을 들어간 우리는 확실히 리영희 선생에 대한 긴장이 없었다. 기껏해야 방계 증손자쯤 된다니까. 그러나 그때 풋내기 기자들은 찬물로 얼굴 씻고 꼿꼿이 정좌하여 선생의 말씀에 귀 기울였어야 했다. 세상은 그들의 상상보다 훨씬 거대하고 잔인했으니, 용쓰며 대오 각성했어야 옳았다.

사라진 낭만의 시대

입사 직후 외환위기가 터졌다. 경찰서, 병원, 소방서 등을 오가는 수습기자 시절, 나는 정신적 쇼크 상태에 빠졌다. 그토록 많은 사람이 죽어 나간다는 것을 처음 알았다. 주린 배에 소주 몇 잔 털어 넣다 길거리에서 얼어 죽었다. 그의 죽음을 슬퍼하는 이는 아무도 없었다. 전셋집을 어찌 구할 건가 부부끼리 말다툼하다 홧김에 불을 질러 타죽었다. 방에 있던 아이들이 덩달아 죽었다. 실직 사실을 가족에게 알려야 하나 고민하다 지하철 선로에 뛰어들어 죽었다. 그는 사람의 형상조차 가족에게 남기지 않았다. 심지어 가슴 높이의 방문 고리에 수건으로 목을 매고 늘어져 죽는 사람도 있었다. 그렇게도 죽을 수 있었다. 나라가 망하는지는 알 수 없었으나, 확실히 사람은 곳곳에서 죽어 나갔다.

"기자 사회의 낭만이 사라졌어." 실직한 아들에게 경제적 부담을 주기 싫어 수면제 먹고 자살한 어느 할아버지를 취재하던 나에게 다른 신문사의 선배 기자가 말했다. 이를 어찌하면 200자 원고지 4매짜리 단신 기사로나마 보도할 수 있을까, 나는 고심 중이었다. "무슨 사건인지 대충 말해 보라"며 꼬드기던 그는 이른바 '조중동' 가운데 하나에서 월급을 받고 있었다. 하루 4시간의 공식 수면 시간과 맞바꾸며 용맹하게 취재한 내용을 그에게 넙죽 귀띔할 뜻이 나에겐 전혀 없었다. 상황이 여의치 않게 되자, 그는 매체를 넘어선 동류의식에 대해 말했다. 낭만에 대해 말했다. 예컨대 이런 것이다.

경찰청을 출입하는 기자들이 북한산을 오른다. 경찰청장을 앞장세웠다. 형식적인 기자간담회를 마치고 모처럼 '친목'을 도모하러 북한산 아랫자락 개고깃집에 둘러앉는다. 고기 먹고 술도 먹었으니 고스톱이 빠지겠는가. 삼삼오오 패를 이뤘는데, 어쩐 일인지 경찰 간부들은 자꾸 돈을 잃는다. 노름판에서 딴 돈은 기자 호주머니에 들어가고, 이제 자리를 시내로 옮겨 저녁 넘어 밤까지 내쳐 마신다. "김 기자, 거 기사 좋던데?" "흐흐, 박 기자, 이거 왜 무등을 태우시나. 자, 술이나 한잔 받아." 기자들끼리 어깨동무하고 노래도 부른다. 소속 매체의 장벽은 어느 결에 사라지고 우리는 그저 다 같은 기자다!

그런 낭만(이라고 부를 수 있을지 의심되지만 여하튼 그 빌어먹을 낭만)이 있던 시절, 기자들은 소속 매체의 데스크보다 다른 매체 기자들과 더 친했다. '출입처 시스템' 때문이다. 원래 언론의 출입처 시스템은 '감시견' 역할을 위해 고안된 것이다. 권력은 부패하기 마련이다. 권력자는 그걸 알아차리지 못한다. (선출되지 않은 자기 권력의 자의성에 아랑곳없이) 시민사회의 대표를 '자임'한 기자는 권력기관에 스스로를 '파견'시킨다. 시민의 눈으로 (잣대를 삼는다 사칭하며) 권력의 부패와 전횡을 감시한다. 기사로 폭로하여 경종을 울린다. 원론적으로는 그렇다.

기자들의 보험, 출입처 시스템

실제 돌아가는 일은 사뭇 다르다. 권력기관은 고급 정보가 오가는 길목이다. 비밀스러운 문서와 음험한 이야기들이 횡행한다. 내부자와 친밀해지기만 한다면, 특종을 건져 올릴 수 있다. 권력자들 가운데는 여론 동원이 절실한 이가 반드시 있고, 그의 곁엔 시민사회로부터 파견받았다 주장하는 기자들이 있다.

이 방식은 기자들의 생존과도 밀접한 관련이 있다. 어느 기자가 첫 기사를 썼는지, 시민들은 아무 상관이 없다. 오직 기자 사회의 평판과 관련이 있다. 묻힌 진실을 캐낸다는 특종의 '원론적' 의미는 출입처 경쟁에서 이겨 직업적 성공을 거두려는 기자의 '실용적' 가치로 종종 변질된다. 결과적으로 출입처 시스템은 기자 개인의 경력 관리와 밀착된다. 예외가 없지 않지만 대부분의 기자는 그 안에서 감시견 대신 반려견이 되어 간다.

이빨을 뽑히고도 그저 웃는다.

그들이 쓰는 기사에서 세상은 권력자, 명망가, 권위자, 유력자의 각축장이다. 여기에 이데올로기는 없다. 진보건 보수건 '파워 게임'의 프레임으로 세상을 보면, 결정적 부패 보도조차 "그놈이 그놈"이라 생각하는 필부들의 상식에 지푸라기 하나 더하는 것으로 귀결된다. 기자의 뿌리에 해당하는 서민들이 감동하거나 분노하지 않아도 큰 상관은 없다. 기자는 이미 다른 방식으로 생존하는 법을 터득했다. 출입처를 발판 삼아 스스로 파워 게임의 한 부분이 되는 것이다.

왜 경찰, 법원, 검찰, 국회, 청와대 출입 기자가 어깨에 힘을 주는가? 권력 가운데서도 높은 층위의 파워 게임에 참가할 수 있기 때문이다. 왜 권력의 심장부를 겨누는 특종이 청와대 출입 기자로부터 나오지 않는가? 그들은 이미 대통령의 눈으로 세상을 보기 때문이다. 하여 신문이 대통령을 만드는가? 그게 사실이라면 "내가 대통령을 만든다"고 생각하는 기자들이 하늘의 별처럼 많다는 이야기다.

그런 출입처의 기사 경쟁이 너 죽고 나 죽는 정글의 방식이라면 곤란할 것이다. 위험부담이 너무 크다. 언젠가는 내 자신이 그 경쟁에서 밀려날 수도 있다. 결국 기자는 출입처의 관료만큼이나 다른 매체의 기자들도 '관리'해야 한다. 공동의 이해관계 속에서 '출입 기자단'은 적절히 교감한다. 결국 다른 매체의 기자를 결정적으로 거꾸러뜨리지 않는 것, 그것이 1997년까지 기자 사회에 존재했다는 낭만의 실체였다. 그리고 어느 날, 번성했다 삽시간에 멸종한 공룡처럼 낭만은 사라졌다. 그 '조중동' 기자는 가뭇없이 멀어진 지난날의 낭만을 비감하고 있었던 것이다.

기자라는 이름의 부속품

그런 종류의 낭만 따위 멸종해도 상관없으니 참 다행스런 일이라 생각한다면, 사태의 일면만 보는 것이다. 낭만이 사라진 이유는 (물론 1988년 창간 이후 『한겨레신문』 기자들이 그 카르텔을 깨려고 고투했던 탓도 있지만) 결정적으로 1997년 11월 외환위기에 있었다. 사람들이 죽어 나가던 그해 겨울, 그리고 그 후로도 오랫동안 언론사의 주된 고민은 수많은 자살자에 있지 않았다.

A 신문사는 곧 문을 닫는다던데. B 방송사 역시 형편이 안 좋다던데. C 신문사도 오래 버티진 못할걸. 아마 조선 반도에 근대 언론이 등장한 이후 처음으로 권력의 개입 없이 오직 시장의 논리 때문에 언론사가 망할 수 있다는 불안감이 활자와 전파를 타고 횡행했다.

'기사 경쟁'이 아니라 '기업 경쟁'이 시작됐다. 독재 정권의 보호막 아래 안정적으로 기업 운영을 꾀했던 각 언론사들은 민주 정부 수립과 동시에 벌판에 내던져졌다. 그것은 민주적인 것 이진에 시장적인 것이었다. 공영방송조차도 시청률로 대표되는 시장 논리의 강력한 압박에 봉착하게 됐다.

1등만이 살아남을 것이다. 전체 언론 시장의 1등, 전체 신문 시장의 1등, 전체 진보 매체 시장의 1등을 향해 각 언론사가 달렸다. 용의 꼬리는 필요 없고 여하튼 뱀의 머리가 되어야 했다. 심지어 언론의 이념적 차이 조차 시장 경쟁을 위한 외피가 아닐까 의심될 정도였다. 언론의 가치는 정의가 아니라 상품의 영토에 귀속되기 시작했다.

기자들이 조금만 더 지혜로웠다면, 제 경력 관리에 신경 쓰느라 세상 보는 깊은 눈을 잃어버리지 않았더라면 좋았을 것이다. 그랬다면 뒤늦게 나마 진정한 기자들의 연대를 도모했을 것이다. 흉흉한 소문이나 관측과 달리, 진짜 위기에 처한 것은 ‘언론사’가 아니라 ‘언론인’이라는 것을 진 작 알아차렸을 것이다.

실제로 외환위기 이후 지난 10여 년 동안, 공중파 방송과 종합 일간지 를 포함한 중앙 언론사 가운데 문 닫은 곳은 하나도 없다. 대신 많은 기자 와 PD들이 거리로 나앉았다. “언론사가 망한다”는 경계경보가 발령되는 순간, 언론사를 망하게 할 수 있는 일은 금지됐다. 그것이 진실 보도라 할 지라도.

조직의 명운이 크게 흔들리고 있다면, 그 조직에 속한 개인의 입지는 좁아질 수밖에 없다. 집단 전체가 달려드는 과업 앞에서 개인은 자의 반 타의 반으로 자신의 지향과 요구를 잠시 미뤄 두게 된다. 그것이 싫으면 언론사를 그만둬야 한다. 현재 한국 언론의 사정이 딱 이렇다.

‘단독자’ 기자는 사라지고, ‘부속품’ 기자만 넘쳐나는 배경이 여기에 있다. 어느새 각 매체마다 정형화된 기자 타입이 분명해지고 있다. 기자 마다 서로 다른 기사를 쓰는 것이 아니라 매체마다 다른 기사를 쓴다. 담 당 기자가 바뀌어도 그 매체에 실리는 기사 내용은 다르지 않다. 매체가 기자를 그렇게 복제하기 때문이다.

2007년 『시사저널』 사태는 21세기 한국 언론의 좌표를 말해 주는 표지석이다. 그것은 애초에 대단한 특종이거나 폭로 기사가 아니었다. 그랬다면 『시사저널』의 기자들도 덜 당황했을 것이다. 문제가 된 것은 삼성 그룹 인사에 대한 일종의 해설 기사였다. 분석과 전망이 섞인 내용이었으므로 당연히 '완전한 사실로 확인'되기까지는 시간이 걸릴 내용이었다. 그것을 트집 잡은 『시사저널』의 최고경영자가 기사 게재를 막았다. 삼성은 최대의 광고주였다.

삼성이 직접 개입했다는 증거는 없다. 오직 『시사저널』의 (경영진을 포함한) 데스크가 결정했다. 오늘날의 권력과 자본은 더이상 직접 나서지 않는다. 그들은 '데스크'라는 얼굴을 하고 있다. 온 몸의 세포가 시장 논리에 반응하는 사람들이다. 결국 『시사저널』 사태는 외부 권력과 내부 기자의 긴장이 아니라 편집권을 공유하는 (데스크) 기자와 (현장 취재) 기자의 다툼이 됐다.

심지어 당시 『시사저널』의 기자들은 경쟁지 기자들에게도 의구심을 품었다. 근본적으로 보자면 같은 처지에 놓인 것과 다름없는데도 다른 매체 기자들의 성원이 대단치 않았던 것이다. 혹시 저들이 기로에 놓인 우리의 상황을 은근히 즐기는 게 아닐까, 『시사저널』 기자들의 노심초사가 없지 않았다.

낯익으면서도 낯선 언론 탄압

1997년 이후 10년 동안 이른바 '민주 정부' 시기 내내, 나는 속이 편치 않았다. 언론이 정치권력과 결탁했던가. 그 언-권 복합체가 진실과 정의를 내동댕이쳤던가. 그렇다고 대답할 정도의 역사의식이 있는 권력이라면 그 언론을 떼어내어 시장과 접붙이지 말았어야 옳았다. 원래 언론의 뿌리에 해당하는 시민사회 또는 공공의 토양에 자리잡게 만들었어야 했다. 민주 정부의 시기가 지난 지금, 기자들은 여전히 시장 경쟁의 한복판에 벌거벗은 채 서 있다. 유일한 바람막이는 소속 매체이니, 매체에 충성하는 도리 밖에 없다(고들 생각하고 있다).

그들이 지금 마주한 이명박 정권의 언론 탄압은 해괴하다. 낯익으면서도 낯설다. 군사정권과 비슷한 잣대를 갖고 있는 듯한데, 군사정권과 다른 무기를 쓴다. 민주 정부 시절 일어난 일과 흡사한 듯한데, 민주 정부와 다른 방향으로 몰고 있다. 그 현기증은 대부분 시장주의와 관련이 깊다.

국세청을 앞장세워 KBS에 대한 표적 사찰을 벌인 뒤, 정연주 사장을 내몰았다. 그런데 이 방식은 김대중 정부 시절 실시된 조중동 세무조사에 대한 극우적 오마주다. 과거에는 기업 윤리를 명분으로 삼았고, 이번에는 기업 이윤을 구실로 삼았다. 옳고 그름은 기묘한 데자뷰 사이로 사라져 버린다. 이명박 정부로 말미암아 언론사에 대한 세무조사는 정파 싸움의 도구로 변질됐다. 안타깝게도 그 정치 공작의 영감을 민주 정부가 제공한 바 있다.

대선 특보로 활약하던 정치꾼들을 언론계는 물론 언론계에 위력을 행사하는 정치권 곳곳에 포진시켰다. 그런데 이 방식은 노무현 정부 시절, 중앙일보사 회장을 주미 대사로 발령 낸 것에 대한 극우적 표절이다. 현직 언론사 총수(하필이면 시장주의 언론사의 총수)조차 정권과 교감하면 최고 관직에 임명할 수 있다고, 민주 정부가 분명히 신호를 보낸 바 있다. 좋은 권력이 나서면 나쁜 언론도 길들일 수 있다고 믿었던 정치 셈법이 오늘의 우익들에게 새로운 알리바이를 제공한 것이다.

좋은 언론인을 키우는 대신 힘 있는 언론사를 재편하려 했던 민주 정부의 시절이 끝나자, 극우 세력은 그 반대의 방향에서 비슷한 방법으로 언론계를 초토화시키고 있다. 총칼 대신 법에 의해 시장주의를 언론에 외삽하고 있다. 시장에 노출시키는 것만으로도 언론인의 입에 재갈을 물릴 수 있다는 것을 깨달았기 때문이다. 민주 정부 시절, 그걸 지켜봤기 때문이다. 그리고 그 서슬에 YTN 기자가 해고당하고, MBC PD가 연행당하고, KBS 기자가 정직 처분을 받았다.

진실 보도 경쟁이 사라지다

기가 막힌 노릇이지만, 이는 국소 마취의 수법이다. 시장주의의 모르핀으로 언론의 발을 마비시켰다. 방송 시장이 개방된다는데, 방송이 신문 광고를 다 빼앗아 간다는데, 이 언론사가 망하면 너는 어디 가서 잘난 기자 노릇을 할 것이냐고 겁박하는 방식이다. 기자들이 겁먹었다는 증거는 허다하다.

2009년 1월, 용산 참사 때 대부분의 언론은 남일당 건물 망루에서 무슨 일이 벌어졌는지에 초점을 뒀다. 보도의 프레임을 사건의 현장에 맞췄다. 이 방식에 따르면 사태의 진실은 누가 먼저 폭력을 휘둘렀느냐에 달려 있다. 이런 보도에 의하면 가장 진보적인 판단조차 "경찰의 진압 작전이 주민들의 폭력을 부추겼다"는 수준을 넘지 못한다. 프레임이 사건을 규정하는 것이다(그리고 정확히 이 프레임에 따라 사법부는 주민들에게 살인죄를 물었다).

이 사건을 대하는 진짜 프레임은 따로 있다. 그들이 왜 망루에 올랐나? 전격적인 재개발이 용산에서 진행되었기 때문이다. 왜 용산인가? 서울 시내에 마지막으로 남아 있는 재개발 노른자위 땅이기 때문이다. 왜 노른자위인가? 지방 도시나 농촌의 주거 환경을 개선해 봐야 대형 건설사에 돌아가는 이윤이 많지 않은데, 서울 도심은 주상복합빌딩의 개발을 통해 막대한 시세차익을 거둘 수 있기 때문이다. 그래서 정부, 지자체, 재벌 건설사들이 이리 떼처럼 용산에 달려들었고, 하루 바삐 재개발을 성사시켜야 더 높은 이익을 거둘 수 있었고, 그래서 세입자의 재산권은 까짓 뭉개고 밀어 버린 것이다.

보도의 프레임을 이만큼 확장하면 가장 보수적인 판단조차 '재개발이 필요하다 해도 세입자의 권리는 보호해야 한다'는 쪽이 될 것이다. 그것이 진실에 가깝게 다가가려는 기자들이 가닿을 최소한의 지평이다. 더 깊이 파고들어 토건족의 음모를 파헤친다면 진정한 특종이 될 것이다. 그런 종류의 기사 경쟁이 이루어지지 않았다는 점 자체가 오늘의 언론 상황을 웅변한다. 확실히 감시견은 멸종하고 반려견만 남아 어슬렁거리고 있다.

기사를 삭제하고 기자를 잡아 가둬 고문하는 일은 사라졌다. 그러나 개발, 성장, 재벌의 논리를 기자들에게 전염시켜 사실의 추적과 진실의 재구성에 차꼬를 채우게 되면, 1970년대의 언론이나 2000년대의 언론이 다를 바 없다. 권력이 법률과 질서의 눈으로 '사건'을 다루고, 기업이 이윤과 효율의 눈으로 '상품'을 다룰 때, 기자는 인간과 정의의 눈으로 '사람'을 만난다. 그래야 마땅하다.

법률은 조문에 충실하면 되고, 이윤은 셈법에 능하면 되지만, 인간과 정의의 관점은 예민하게 갈고닦아야 비로소 얻을 수 있다. 고도의 도덕적·지적 긴장을 유지하면서 다양한 사실을 날카롭게 꿰뚫어 내는 저널리스트의 능력이 유감없이 발휘되는 국면이다. 그럴 여지가 지금 틀어 막혔다. 책 읽는 기자도 간혹 있고 도덕성 높은 기자도 드물게 있지만, 그들이 기사에 그 능력을 투사할 길이 사라지고 있다.

기자 리영희의 교훈

세상 물정 모르던 풋내기 기자는 그 시절을 한겨레신문사에서 지냈다. 독재 정권의 『한겨레신문』 탄압은 역사책에서 봤다. 겪지는 않았다. 내가 맞닥뜨린 것은 시장의 강고한 힘이었고, 그 앞에 무기력한 기자들이었다. 『한겨레신문』도 걱정이 됐으나 실은 내 처지를 가장 염려했다. 뭘 어떻게 해야 좋은 기자로 오랫동안 살아갈 수 있을까? 누구도 답해 주지 않았다.

그때, 기자 리영희를 만났다. 내가 그의 글을 정좌하여 읽기 시작한 것은 불과 5년 안짝의 일이다. 대학 시절 선생의 글을 간간히 접했으나 그때는 더 화려하고 유창한 글에 눈길이 갔다. 곁에 항상 있었는데 뒤늦게 높고 깊은 산을 알아본 셈이다. 게으름 탓이다.

다만 예의 없는 태도로 그를 읽었다. 감동하지 않고 캐내려 애썼다. 지금은 군사정권과 예리하게 긴장했던 리영희 기자만큼이나 탁월한 언론인이 시장의 권력과 불화하는 길을 개척해야 할 때다. 그 길을 따라 좋은 기자가 되는 모범을 온몸으로 입증해야 할 때다. 그때, 기자 리영희는 어떻게 했나? 이 시절, 오늘의 기자들은 어떻게 해야 하나? 그 답을 찾고 싶었다.

한겨레신문사 입사 이후 딱 10년 만에 선생을 만나러 경기도 군포시 산본의 자택을 찾은 적이 있다. 『한겨레신문』 20년사 집필을 맡은 뒤였다. 이 가난한 신문사가 벌이는 일이 대개 그러하듯 6개월 만에 20년 역사를 써내라는 얼토당토않은 임무를 맡았다. 그 일을 혼자 치러야 했다(마감에 맞춰 발행은 했는데, 나머지는 내세울 게 없는 책이다). 여하튼 핑계 삼아 선생을 인터뷰했다. 2008년 1월이었다.

누구인지, 뭘 취재했는지, 어찌 쓰려는지, 선생은 꼿꼿하게 물어보셨다. 나는 황망하여 제대로 답하지 못했다. 10년 전 대놓고 졸았던 나를 기억 못하신 것만 해도 천만다행이었다. 1988년 『한겨레신문』 창간 때를 회고하며 선생이 말했다. "비판적이면서도 이성적 혹은 지성적 신문", "가진 자들에게 의존하지 않고 오직 신문 보도의 대가로 수입을 얻는 신문"
에 대한 애초의 뜻을 설명했다. 나에게 선생의 이야기는 '기자'에 대한 해
설로 들렸다. 비판적이면서도 지성적인 기자, 권력과 자본에 의탁하지 않
고 오직 보도의 대가로 삶을 영위하는 기자…….

그 뜻에 비춰 『한겨레신문』의 오늘, 그리고 『한겨레신문』 기자의 오
늘은 부끄러운 바 있다. 나중에 사료를 찾다 일본 NHK 기자가 선생을 인
터뷰한 장면을 우연히 보았다. 선생의 뒤편 낡은 윤전기로 창간호가 나오
고 있었다. "나는…… 할 말이 없어. 너무 고맙고 감격스러워서 …… 할
말이 없어." 선생은 손등으로 눈물을 훔치고 있었다. 장차 언젠가 마음에
드는 진짜 기자를 마주한다면 선생은 마찬가지의 눈물을 흘릴 것이다. 고
맙고 감격스러워하실 것이다.

그는 독서를 통해 취재의 바탕을 마련하는 기자였다. 대부분의 기자
들은 고관대작과 술 마시며 흉금을 터놓으면 세상 돌아가는 이치를 꿰뚫
을 것이라 믿는다. 기자 리영희는 술 대신 책을 파고들었다. 정보와 지식
을 따라잡으며 권력자·명망가·권위자들의 머릿속을 간파했다. 그는 지
적 중심을 확고히 잡고 권력자들을 공략하는 독창적 기자였다. 시민사회
에서 비롯한 기자의 뿌리를 잊지 않되, 그것을 단순히 대변하지 않고 한
발 앞서 권력과 긴장했다.

그는 출입처의 경력에 기갈 들지 않았다. 주요 출입처를 섭렵하는 길
을 마다했다. 권력자의 눈으로 세상을 보는 악성 바이러스에 스스로를 노
출시키지 않았다. 그는 더 큰 프레임으로 현실을 보았다. 국내 정치를 세

계 정치의 구조 위에, 반공 이데올로기를 역사의 도도한 흐름 위에 올려놓고 헤집어 봤다. 보는 눈이 넓으니 남이 보지 못한 사실의 연쇄 고리를 끄집어냈고, 그것이 진정한 특종의 바탕이 됐다.

언론사가 주는 기자 명함에 연연하지도 않았다. 신문사를 떠나면 세상이 무너질 것이라 제 풀에 겁먹는 졸장부의 행태를 따르지 않았다. 그는 자신만만했고, 그럴 만한 실력을 갖추는 데 소홀하지 않았다. 조직의 위선을 내면화하여 그 정점에 오를 생각 따윈 애초에 없었다. 대신 양심을 지키는 일에 매진했다. 그저 고집부린 것이 아니라 그 양심의 품질을 높이는 데 전력투구했다. 독서와 성찰로 자신을 괴롭혔다. 그는 『합동통신』, 『조선일보』, 『한겨레신문』의 기자가 아니라, 그저 리영희 기자로 충분했다. 스스로를 언론인으로 완성시키는 단독자였다.

다른 시대, 다른 기자의 꿈

그의 말과 글 가운데 되뇔수록 벅찬 것이 있다. "(기자로서 내가 가진 소명의식은) 전 인류적 생존의 모든 행태에 대한 뜨거운 공감과 깊은 지적 이해와 사상적 일체감"(『대화』, 298쪽)이라는 문장이다. 너무 거대하여 나의 인지 구조에 모두 담을 내용이 아니지만, 그 강렬함에 수시로 끌린다.

이제 와서 고백하건대 다음의 문장은 실은 선생으로부터 차용한 것이다. "기자는 삼라만상을 향해 더듬이를 뻗치고 산다. 기자는 직업이 아니라 삶의 방식이다. 사주, 광고주, 데스크, 취재원, 심지어 내 자신의 도그

마까지 베어 내야 진짜 기자다."(안수찬, 『기자, 그 매력적인 이름을 갖다』, 363쪽)

그 책을 읽어본 자들이 가끔 나에게 묻는다. 그렇게 생각하는 당신은 어떤 기자가 되고 싶은가요? 10년 전에 염치없이 졸았던 일은 까맣게 숨기고 답한다. 지식과 실천을 겸비하여 권력의 구획에 포섭당하지 않는 리영희 같은 기자가 되고 싶다……. 턱도 없는 허언이지만 그런 허장성세를 부리며 나는 시장의 논리와 맞서고 싶다. 스스로 완성되는 진정한 자유 언론인이 되고 싶다.

『한겨레신문』 20년 사사에 쓰지 못한 이야기가 하나 있다. 1993년 무렵, 신문사가 안팎의 일로 어려움에 처했을 때 후배들이 선생을 대표이사로 추대하려 했다. 선생은 한사코 마다했다. 결국 그는 『한겨레신문』의 논설고문으로 퇴임했다. 산본 자택에 찾아갔을 때, 그 이유를 여쭈었다.

"나는 그 자리가 도저히 타당하다고 생각하지 않았어. 나는 집단 속에서 잘 처신하는 사람이 아니야. 외부 세력과 타협도 못하고 돈을 가까이 하는 능력도 없었지. 나는 기껏해야 냉철한 참모야. 커맨더(사령관)는 못해. 나는 그 정도 능력밖에 안 돼." 타협 없이 사는 선생을 모실 자리가 여의치 않았던 것이 혹시 『한겨레신문』의 잘못은 아닐까, 그때 생각했다.

선생의 존재에 나의 과거가 빚진 바 있고, 선생에 대한 추억으로 나의 오늘이 새삼스러운 바 있다. 그러나 건방지게도 나는 리영희에 대해 여전히 긴장하지 않는다. 긴장하지 않으려 애쓴다.

선생과 나는 다른 시대를 살았다, 고 감히 생각한다. 교훈은 역사로부터 얻지만 전략은 당대에서 나온다, 고 감히 믿는다. 가시 하나로 제 몸을 지킬 수 있다 믿는 장미처럼, 그렇게 시절을 버틴다. 그의 증손자라도 될 수 있을까 허망한 꿈을 꾼다. 선생을 닮은 결연함, 지적 긴장, 예민하고 치명적인 문장 없이 과연 기자 노릇이나 해낼 수 있을까, 자꾸 의심하면서…….

리영희
프리즘

리영희와 사회과학

사회과학의 고민

은수미

한국노동연구원 연구위원. 저서로 『IMF 위기』, 『비정규직과 한국노사관계 시스템 변화 1, 2』, 『산별교섭, 실현 가능한 미래인가』 등이 있다. 1980년대 반독재 민주화 운동을 하다 제적된 뒤 14년 동안 인천, 안양, 서울에서 노동 운동을 했고, 1992년 사노맹 사건으로 구속되어 약 6년의 수감 생활을 했다. 주요 연구 주제는 산별 노사 관계와 비정규 문제 등이며, 『경향신문』에 정기 칼럼을 기고했다.

여의도에 있는 직장까지 걸어서 40분. 여의도 공원 앞 KBS 본관을 지나면 찻집에서 잠시 다리쉼을 한다. 진한 커피 한 잔을 주문하고 버릇처럼 책을 꺼내 든다. 시집이나 소설일 때도 있지만 대부분은 사회과학 책이다.

며칠 전 갑작스러운 추위에 집을 나서기 전, 서랍을 뒤졌다. 혹시나 하며 장갑을 찾았는데 역시나 없다. 세 켤레든 네 켤레든 장갑을 모두 잃어버려야 겨울이 끝나고, 장갑을 사야지 하면 또다시 겨울이다. 그래서 이맘때면 장갑을 잃어버리는 털털함을 책망하기 마련이다.

마침 KBS 앞을 지나는데 피켓을 든 사람들이 예닐곱 명 서 있다. 피켓 밑에는 'KBS 계약직 지부'라 적혀 있고, 부당한 해고에 항의하며 원직 복직을 요구하는 내용이다. 문득 피켓을 든 손을 보니 장갑을 끼지 않았다. 해고가 되어 싸우다 보니 겨울일 터 언제 장갑을 준비할 정신이 있으랴마는 찻집에 들어설 때까지 그 손이 뒤꽁무니를 쫓아온다. 공원 양쪽 은행나무 가로수에 그들의 시린 손이 단풍으로 걸린다. 결국 그날은 책을 제대로 보지 못하고 일어섰지만 그래도 이 문장이 눈에 띄어 밑줄을 그었다.

공자의 『논어』에 「정언正言」 편이 있어. 제자가 공자에게 "정치의 요체가 무엇입니까?"라고 물은 데 대해, 공자는 "사물의 이름(명칭 또는 명분)을 정확하게 쓰는 것이다"라고 답했어요. 다시 말하면, 검은 것은 희다고 할 것이 아니라 검다고 해야 하고, 악은 선이 아니라 악이라고 칭해야 하고, 사슴은 말

이 아니라 사슴이라고 불러야 하고, 말은 사슴이 아니라 말이라고 칭해야 하고…….(『대화』, 374쪽)

글을 쓰겠다 한 후 이번처럼 후회를 많이 해본 적이 없다. '리영희와 사회과학'이라니. 1982년에 들어간 대학을 1998년에 졸업하고 사회학 석사를 거쳐 박사학위를 딴 것이 2005년이니 학자로서는 아직 초년생이다. 사회과학도 무거운데 여기에 리영희 선생의 이름이 붙는다. 도대체 무슨 배짱으로 덜커덕 승낙을 한 것인지 틀림없이 무엇에 씌었지, 아침 출근길 찻집에서 다리쉼을 할 때마다 후회하고 또 후회한다.

그 끝에 내린 결론은 연구자로서의 고민을 쓸 수밖에 없다는 사실이다. 그것이 설령 리영희 선생의 철학이나 인생관과 다르다 해도 이십대에 『전환시대의 논리』, 『우상과 이성』을 읽고 사회를 다시 바라보게 된 세대의 일원으로서 20년이 지난 지금 바로 여기에서 부딪히는 문제에 대한 고민과 의견을 정직하게 쓰는 것만이 최선이라는 판단이다. 또 굳이 젊은 세대에게 무엇인가를 이야기할 생각은 없다. 그러기에는 필자의 학문적 경력은 너무 짧고 아직 가야 할 인생길은 너무 멀다. 사회과학에 대해 논論한다는 것 자체가 애초에 능력 밖의 일이다. 다만 솔직하게 고민을 이야기하는 와중에 함께 갈 친구를 얻는다면 과분한 행운일 것이다.

이렇게 마음을 먹으니 짐이 조금 덜어지지만 여전히 어렵다. 그래서 박사학위 논문에서부터 지금까지 끊임없이 매달리고 있는 주제, 한국의 비정규직과 근로빈곤층 문제로부터 실마리를 풀까 한다. 예를 들면 이런

식이다. 비정규직과 근로빈곤층이 급증하는 한국 사회에서 학문을 한다는 것은 무엇일까. 즉 학문은 무엇을 할 수 있는가. 어느 날 갑자기 해고되어 길바닥에 나앉은 사람들에게 지식인은 어떤 존재일까.

이런 질문도 가능하다. 정부 출연 연구기관의 경우 정부가 바뀔 때마다 연구자의 자율성과 독립성이 쟁점이다. 비정규직과 양극화를 일종의 사회적 혹은 국가적 치부로 간주하거나 일시적 혹은 과도기적 현상으로 덮어 버릴 경우, 연구 자체가 어렵다. 그래도 고집(?)을 부리면 연구자 개인뿐만 아니라 연구기관에 불이익이 올 수 있다. 그때도 연구자는 자신이 속한 집단의 이익에 반하여 지속적인 연구를 해야 할까. 정부의 정책연구원에서 학자로서 산다는 것, 지식인으로 산다는 것은 무엇이며 가능하기나 한 것일까.

이 질문에 대한 대답을 이 글에서 다 하려는 것은 아니다. 다만 그때그때 던졌던 질문과 그에 대한 연구자로서의 고민과 대답을 지면을 통해 일부라도 드러내려 한다. '리영희와 사회과학'이라는 주제가 필자에게 준 기회라 생각하면서 말이다.

사회과학은 비정규직을 어떻게 보는가

얼마 전 통계청의 2009년 8월 '경제활동 인구조사 부가 조사' 결과가 발표되었다. 그동안 조금씩 줄었던 비정규직이 1.1% 늘어난 34.9%이며, 정규직 대비 비정규직의 임금 및 근로조건은 개선되지 않았고, 경제 위기로 인해 가장 많은 피해를 입은 집단 중의 하나가 비정규직이다.

비정규직의 증가는 통계 수치상의 위험만이 아니다. 숫자 이면의 삶은 훨씬 더 가혹하다. 비정규직에게는 '차별 없이 일할 권리'가 없다. 분명히 취업하였는데 이들의 4대 보험 가입률은 40% 수준이고 시간외수당, 퇴직연금 등 각종 기업 복지로부터도 차별받는다. "생리휴가 내겠다고 했다가는 다음번에 재계약이 안 되고", "산전산후휴가 받는 사람 못 보았는데요"가 현실이다. 비정규직에게는 '차별 없이 단결할 자유'가 없다. 노조를 만들었다가는 해고되기 일쑤고 법원 문턱은 유달리 높다. '차별 없이 투표할 권리'도 없어 지난 2007년 12월의 대통령 선거일은 법정 유급 휴일이 아닌지라 선거일에 투표하자면 하루 일당을 포기해야 하는 노동자가 최대 800만이었다.

다음은 당시 필자가 모 신문에 썼던 칼럼의 한 구절이다.

대통령 선거가 며칠 남지 않았다. 대선 주자의 이름만이 하루에도 수백 번씩 호명되는 것이 어쩔 수 없는 현실일지 모른다. 그래도 부르고 기억해야 할 이름이 있다. 까지만 위원장, 라쥬 부위원장 겸 서울지부장, 마숨 사무국장. 11월 말 길거리에서 체포되어 청주 출입국보호소에 갇혔다는 이주노동조합 임원들이다. 이랜드, 코스콤 노동자들의 이름도 애써 찾아본다.(은수미, 「그들의 이름을 부른다」, 『경향신문』 2007년 12월 10일자)

2년이 지난 지금은 어떤가. 18년째 한국에 머물며 문화운동가로 활동

했던 네팔 출신 이주 노동자 미노드 목탄이 강제 추방되었고 국제엠네스
티는 한국에서 이주 노동자를 '일회용' 취급한다는 뼈아픈 보고서를 발표
했다. 기륭전자 파견 노동자들은 여전히 농성 중이고 이곳저곳에서 해고
사태가 이어진다.

한 사회의 법제도나 관행은 무엇 '인 자'를 기준으로 만들어진다. 따라
서 무엇이 '아닌 자'는 다양한 불이익을 감수해야 한다. 정상인이 '아닌
자', 성인이 '아닌 자', 인문계 고교 출신이 '아닌 자', 이성애자가 '아닌
자' 등의 긴 목록에 정규직이 '아닌 자'도 포함된다. 이처럼 차별과 불평
등의 목록이 길어지는 이유가 무엇인가? 그것은 개인의 책임인가, 아니
면 사회의 책임인가?

개인과 사회the social 간의 상호 관계는 사회과학의 오랜 주제다. 프랑
스의 사회학자 뒤르켐Emile Durkheim은 개인의 권리가 타고난 것이라는
가정, 즉 천부인권론을 논박하면서 이 권리를 구성하고 보호하며 제도화
하는 것이 국가의 역할이라고 강조한다. 즉 국가의 활동은 본성상 개인을
해방시키는 것이며 국가가 강할수록 개인은 더욱더 존중되고, 개인은 사
회 혹은 국가 속에 있을 때만 더 자유롭다고 한다.

국가는 개인들로 하여금 자신의 천부적 권리를 행사하지 못하게 하기 위
해 창조된 것이 아니다. 오히려 이 권리를 실현하고 조직하고 만드는 것이 바
로 국가다. 인간이 인간인 것은 오직 그가 사회 속에 살고 있기 때문이다. 인
간에게서 사회적 기원을 가진 모든 것을 빼앗아 보라. 그러면 다른 동물과 똑

같은 동물밖에 남지 않는다. 인간을 물리적 자연 위로 이 수준까지 끌어올린 것은 바로 사회다.(에밀 뒤르켐, 『직업윤리와 시민도덕』, 122쪽)

뒤르켐은 제1차 세계대전 직전인 1917년에 사망하여 국가가 인간에게 자행한 대량 살육 행위를 보지 못했다. 그렇기 때문에 그는 "우리의 정의定議는 정치사회와 여타 사회 사이에 절대적 경계선을 세우지 않는다"면서 국가와 사회를 분리하지 않았다. 다만 정치사회의 권위를 대표할 임무를 지닌 특수한 관료 집단을 국가로 간주한다.

하지만 제1, 2차 세계대전은 모든 것을 바꾸었고 국가는 넘어서야 할 실체로 규정된다. 그럼에도 개인과 사회의 관계에 대한 뒤르켐적 접근 방식은 여전히 유효하다. 제레미 리프킨Jeremy Rifkin에 따르면 미국인들은 자유를 '자율autonomy'과 연관 지어 생각한다. 자율적인 사람은 타인에게 의존하지 않고 자기 영역 밖의 상황에 영향을 받지 않는다. 개인의 자유를 위해서 사회의 영역을 최대한 줄이는 것이 개인과 사회의 관계에서 중요하다. 반면 "유럽인들은 자유가 자율보다는 어딘가에 '소속되어 있음embeddedness'으로 인해 보장받는다고 생각한다. 자유롭다는 것은 타인과의 수많은 상호 의존 관계를 가질 수 있다는 의미로 파악하는 것이다."(제레미 리프킨, 『유러피안 드림』, 24쪽)

개인의 자유가 공동체에 소속되어 있을 때 극대화된다는 리프킨의 사고는 뒤르켐적 접근 방법의 연장선상에 있다. 만약 이와 같은 관점에 입각한다면 한국에서 비정규직의 문제는 사회 혹은 정부가 개인의 권리를 보호하고 극대화하려는 노력을 하지 않거나 실패한 결과이고 상당 부분 사회적 책임이다.

물론 이와 전혀 다른 접근도 가능하다. 하이에크Friedrich A. Hayek는 『노예의 길』에서 대규모 사회보장과 시장경제는 조화할 수 없다고 한다. 왜냐하면 사회보장에 필요한 재정은 소득이 많은 집단에게 고율의 세금을 요구하는데, 이것이 고소득 집단의 경제적 자유를 침해하고 생산 의욕을 떨어뜨린다. 다른 한편 사회보장을 받는 사람들은 그들이 일하고 노력한 결과에 상응하지 않는 일종의 특권, 즉 공짜 점심을 먹는 셈이기 때문에 사회 전체의 근로 의욕을 낮추어 결과적으로 경제를 파탄으로 몰고 가게 된다. 따라서 그는 사회주의나 케인즈주의, 복지국가식 사회보장제도를 모두 종국적으로 인간의 자유를 말살하는 '노예의 길'이라고 규정한다. 여기서의 해결 방식은 사회로부터 개인의 자유 혹은 자율을 지키는 것이며, 그것을 가능하게 하는 것은 시장이고 경쟁이다.

노벨경제학상 수상자 조지프 스티글리츠Joseph E. Stiglitz는 개인과 사회의 관계에 대한 시장주의적 접근 방법 및 그 결과를 다음과 같이 요약한 바 있다.

'실업이란 없다'고 주장하는 경제 모델이 있다. (시장 근본주의의 토대를 이루는) 표준 경쟁 모델 속에서는 언제나 수요와 공급이 일치한다. 노동에 대한 수요가 공급과 일치한다면 비자발적 실업이란 없다. 현재 일하지 않고 있는 사람은 어디까지나 일하지 않기로 작심한 것이다.(조지프 스티글리츠, 『세계화

한국의 비정규직과 근로빈곤층에 대한 필자의 접근 방법은 뒤르켐이나 리프킨에 가깝다. 또한 '보이지 않는 손', 즉 시장에 내맡기면 어떤 문제든 보이지 않는 손에 의해 모든 것이 해결된다는 시장주의 슬로건에서 손이 보이지 않는 이유는 사실상 손이 없기 때문이라는 스티글리츠의 비판에 공감한다. "옷을 입지 않은 임금을 보고 벌거벗었다"(리영희, 『전환시대의 논리』 중에서)고 말한 것이 대중적 설득력을 얻으려면 소년이 아니라 노벨경제학상을 받은 스티글리츠쯤 되어야 한다.

비정규직을 말하는 사회과학

그런데 이쯤에서 결론을 내리면 충분한가. 흰 것을 희다 하고 검은 것을 검다 한 것인가. 여전히 답을 하지 못하고 해를 넘기는 것을 보면 사회과학 연구의 여정은 이제부터 시작인 모양이다.

좀 더 구체적으로 들여다보면 첫 번째 질문은 이렇다. 흰 것을 희다 '말 하는 것'은 무엇인가? 연구자는 논문이나 연구보고서로 말한다고 한다. 그렇다면 신문 칼럼이나 방송 인터뷰는 연구자의 '말한다'의 범주에 들어갈까? 사회과학은 이와 같은 행위를 어떻게 바라보는가?

모 신문으로부터 칼럼 기고를 요청받았을 때 필자의 첫 반응은 완곡한 거절이었다. 칼럼 기고가 연구 활동의 범위에서 벗어나기 때문이 아니라 당시 제안된 칼럼 주제가 여성 문제라서 적임자가 아니라고 판단했기 때문이다. 비정규직이나 근로빈곤층 등 사회적 약자와 관련된 주제라면 정기 기고가 가능하겠으나 여성 문제라면 전문가가 아니기 때문에 어렵다는 필자의 답변에 신문사에서는 여성만이 아닌 사회적 약자 전반의 문제를 거론하는 것은 칼럼의 기획과 다르지 않다는 답변을 보냈다. 그래서 말도 많고 탈도 많았던 칼럼 기고를 시작했고 강제로 그만두어야 했던 2009년 2월까지 월 1회씩 글을 썼다. 이것은 사회과학의 영역인가? 필자는 그렇다고 답하면서 시작했지만 여전히 불분명하며 열린 논쟁의 과정이 필요하다.

아렌트는 개인이나 집단이 특정 사회의 구성원으로 인정받으려면 공적 공간, 혹은 공론의 장에서 자리(의자)가 마련되어야 한다고 강조한다. 그렇지 않을 경우 개인 혹은 집단은 온전한 인간이 아니다.

사적인 삶만을 사는 사람, 노예와 같이 공론 영역에 들어가는 것이 허용되지 않은 사람, 이방인처럼 공론 영역을 설립하지 않은 자는 완전한 인간이 아니다.(한나 아렌트, 『인간의 조건』, 91쪽)

그런데 한국 사회에서 비정규직과 사회적 약자는 대개의 경우 공론의 장에 자신의 의자(자리)가 없다. 정규직 혹은 정상인의 경우는 의자가 없다고 소리를 지르거나voice 의자가 있는 다른 영역으로 가면 된다exit. 절이 싫으면 중이 떠나라 하지 않는가. 하지만 비정규직 혹은 정상인이 아닌 자는 의자가 없다고 소리를 지르기도 어렵지만 떠날 선택권은 더더욱 없다. 이들의 목소리는 들리지 않으며 이들의 존재는 보이지 않는다. 따라서 만약 이들이 회피exit한다면 그것은 사회적 강제이자 폭력이며 사실상 추방이다.

필자가 칼럼을 쓴 이유는 여기에 있다. 주변인으로서의 비정규직과 사회적 약자의 위치를 필자 자신의 위치로 환원시키려는 노력이자 다른 한편으로는 그들의 목소리를 대리하는 것이 사회과학의 역할이라는 판단이며, 그것이 굳이 논문이나 연구보고서일 필요는 없다는 것이 당시의 생각이다. 하지만 칼럼 쓰기는 종종 다른 연구 활동의 일부를 줄일 것을 요구한다. 원고지 200매 분량의 논문을 쓰는 것과 9매의 칼럼을 쓰는 것은 투여되는 시간이나 노력, 열정에서 큰 차이가 없는 경우가 많다. 능력의 한계 때문에 다른 것을 포기해야 한다. 그래도 굳이 칼럼을 써야 할까? 여전한 고민이다.

두 번째 질문은 이렇다. 흰 것을 희다 했다고 어떻게 장담하는가? 그것은 자신만의 진리가 아닌가?

비정규직과 관련해 글을 쓰거나 말을 할 때 필자가 가장 많이 듣는 비판이 '편향성', '친근로자성'이다. 그렇기 때문에 필자는 종종 흰 것을 검다 하거나 파란 것을 빨갛다 했다는 지적을 받는다. 지식사회학의 창시자 칼 만하임Karl Mannheim은 「인식론의 구조분석」이라는 박사학위 논문에서 "인간의 사고는 사회적 실체와 관련하여 있기 때문에 경험 세계의 대상은 인간의 다양한 정향성과 시각에 따라 다르게 보인다"고 한다. 좀 더

강하게 말하면 가치중립이란 없다는 것인데 그렇다고 극단적 상대주의를 말하는 것은 아니다. 다만 현재에서 요구되는 사회학의 과제는 특정 원리나 사회집단 혹은 역사적 상황의 본질적 한계에서 유래하는 편파적 성향을 가감 없이 드러내고 소통하는 것이라는 주장이다.

지식사회학은 허위적 관점을 제거하고 어떤 하나의 관점의 편파성을 구체적으로 드러내는 중개자 역할을 수행한다. 동시에 지식사회학은 서로 분리된 다양한 관점들이 어떻게 포괄적 전체로 편입되는가를 밝혀 주기 때문에 인간 지식의 더 높은 제일성을 지향하는 것이다. (칼 만하임, 「독일 사회학 German Sociology」, 227~228쪽)

연구자는 편향성을 두려워하기보다는, 자신의 연구 결과가 그 자체로 최대한 객관성을 담보하려는 노력의 산물인지, 양적(통계적) 방식이든 질적 방식이든 충분한 검토를 끝냈는지를 고민해야 한다. 자신의 연구를 열려진 과정으로 간주하고 흰 것을 희다 입증하는 과정 자체에 집중해야 한다. 그러할 때만 다양한 관점과 연구가 포괄적인 전체로 편입되고 끊임없이 전체를 재구성하는 부분일 수 있다.

모든 사람 스스로가 진리라고 생각하는 바를 말하게 하라, 그리고 진리 그 자체는 신에게 맡겨라!(한나 아렌트, 『어두운 시대의 사람들』, 41쪽, 도리스 레싱의 강연을 인용)

그런데 모든 가치나 사고가 편향적이라는 의미가 모든 가치나 관점이 '동등하다'는 것일까? 독일의 철학자 아렌트에 따르면 답은 '아니다'이다. 아렌트는 파브뉴(parvenu, 벼락부자)와 파리아(pariah, 주변인) 개념에 빗대어 '자각한 파리아'의 관점이 필요하다고 한다.(사이토 준이치, 『민주적 공공성』, 15쪽)

예를 들어 내가 비정규직이거나 하류층 혹은 정상인이 아닌 범주에 속한다고 하자. 그런데 우연과 노력의 산물로 낙타 바늘구멍 뚫기에 성공한다. 그 후 자신의 경험에 기초하여 능력에 따라 누구나 벼락부자가 될 수 있다고 주장하면 파브뉴 관점의 편향성일 것이다. 하지만 또 다른 누군가는 낙타 바늘구멍 뚫기에 성공한다 해도 여전히 자신이 주변인이라는 것을 승인하고, 아무런 권리도 갖지 못하며 단지 다르다는 이유로 고통을 받는 주변인까지 포함한 새로운 사회를 꿈꿀 수 있다. 즉 자각한 파리아의 관점이자 또 다른 편향성이다.

결국 진리 자체를 신에 맡긴다 해도 각각이 진리라고 믿는 바의 무게는 다를 수 있다. 필자의 의견도 이와 유사하지만 굳이 강조하지는 않는다. 왜냐하면 나의 주장을 존중하는 것만큼 남의 주장을 존중하는 규범만이라도 지키면 사회과학의 필요조건은 충족되었다고 보기 때문이다.

사회과학의 딜레마

세 번째는 당신이 흰 것을 희다고 말할 자격이 있는가, 혹은 흰 것을 희다고 말하는 당신은 누구인가라는 일종의 정체성에 대한 질문이다.

2008년 가을쯤으로 기억한다. 필자는 법에 의해 금지된 업종에 근로자를 파견한 행위, 즉 절대 금지 업무에 대한 불법 파견 건을 다루는 국회 토론회에 참석하여 주제 발표를 했다. 당시 청중의 상당수는 그와 같은 불법행위에 의해 부당하게 해고된 노동자들이었다. 불법을 자행한 업체는 버젓이 살아 있는데 이에 항의한 사람들은 모두 해고된 것에 대한 분노가 토론회장을 가득 메웠다.

필자는 사실상 불법이고 향후 대안은 있지만 현행 법규상 당장은 제재할 방법이 없다고 했다. 청중들의 문제 제기가 쏟아졌고, 정부 연구기관 '관변학자'의 주제 발표답다는 목소리도 있었다. 주최 측인 비정규직 노동조합 당사자들은 토론회가 끝난 후 필자에게 미안함을 감추지 못하였다. 하지만 해고로 길거리에 나앉은 사람들로서는 있을 수 있는 반응 아닌가. 불법행위 앞에서 지식인이 별 방법이 없다고 대답한 것이니 책임은 내게 있다. 다만 이렇게라도 공론의 장이 만들어진다면 언제든 참석할 것이라며 일어섰다.

간혹 이 반대의 상황도 벌어진다. 사용자 측이나 정부로부터 그와 같은 토론회 참여나 발제의 부적절성이 지적되기도 하며 심지어 연구자로서 적절하지 않다는 문제 제기도 있다. 당신은 연구자이지 활동가가 아니라는 의견이 그것이다. 정책을 연구하는 사람으로서의 개인적 무력감은 온전히 필자의 몫이다. 그러나 사회과학 연구자로서 연구 활동과 대중 활동의 관계에 대한 질문조차 덮어 버릴 수는 없다.

이와 관련하여 필자의 뇌리에 지워지지 않는 기억이 하나 있다. 1991년쯤이었을까. 연세대 앞 굴다리에서 민주화를 요구하는 대규모 시위대가 운집하였다. 그때 중년의 여성이 몸에 불을 붙이고 민주주의를 외치며 분신한다. 아주 잠깐, 모두가 경악으로 숨을 멈춘 순간이 지나고 많은 사람들이 불을 끄겠다고 달려들었다. 절규, 함성, 탄식, 눈물의 회오리 속에서 외국인 기자가 그 장면을 촬영한 것이 두고두고 이야기가 되었다. 사람 목숨이 중하지 사진이 중하냐에서부터 그 사진이 전 세계로 전달되는 것도 중요하지 않느냐에 이르기까지.

필자는 숨이 멎는 듯한 충격 속에서도 당시 그 기자의 위치에 내가 섰다면 어떤 선택을 하였을까를 스스로에게 물었다. 이 기억이 새로운 이유는 개인적 경험 때문이다. 필자는 토론회나 공청회에도 참여하지만 비정규직의 쟁의 현장이나 단식 현장도 조사한다. 기륭전자 노동조합 위원장이 20여 일째 단식을 하는 천막을 방문했을 때 조합원 중 한 사람이 "단식으로 힘이 없는 사람을 붙잡고 길게 인터뷰하는 것은 예의가 아니다"고 했지만 위원장은 필자의 조사에 응해 주었다. 그러나 돌아올 때 분명 스스로에게 물었다. 저 현장을 조사하는 것이 옳은 것일까, 아니면 지금이라도 저 현장의 일원으로 참여하는 것이 옳을까?

현장 조사는 사회과학자로서의 기본 사항이다. 하지만 사회과학에서 연구 활동과 대중 활동은 구분하기 어려운 경우가 있으며, 현장 조사에 깊이 들어갈수록 그 간극이 좁혀지는 경험을 한다. 이것이 연구자에게는 끊임없는 긴장감을 주고 연구를 격려하기도 하지만 다른 한편 무력감에 빠지게도 한다. 불법 파견 건을 다룬 토론장에서도 마찬가지다. 불법은 분명하며 해결 대안은 있으나 단기적으로는 강제할 방법이 없다는 발제를 해야 했을까, 아니면 해당 불법행위를 제소하고 항의해야 했을까?

이 질문을 머리에 담고 잠시 리영희에게 돌아가면, 그는 글을 쉽게 쓸 것을 강조한다. 그가 노신을 사랑하는 이유 중의 하나가 그것이다.

'평이하게 알기 쉽게' 쓰기 위해서는 일정한 마음가짐이 앞서야 하고, 부단한 자기반성과 훈련이 따라야 한다는 것도 사실이다. 그냥 쉽게 씌어지는 것은 아니다. 노신의 글에는 하나도 어려운 글이 없다. '난삽'하거나 '현학'적인 글은 아예 그와 무관하다.(리영희, 『인간만사 새옹지마』, 49쪽)

필자는 이것이 대중과의 관계에 대한 리영희의 대답 중 하나라고 생각한다. 현학의 하늘에서 대중의 땅으로 내려와 그곳에서 지식인으로 살아가는 방법을 체득해야 한다는 권유로 받아들인다. 사실 대중적으로 쉽게 쓴다는 것이 불법행위를 제소하는 것만큼의 무거움을 갖는 행위인 경우도 있다. 하지만 쉽게 쓰는 것이 얼마나 어려운가. 연구자가 글을 통해 대중과 함께한다는 것은 연구자로서의 정체성에 대한 끝없는 질문이고 도전이기 때문에 아직 능력 밖임을 절감할 뿐이다.

마지막 네 번째 질문은 소속된 공동체의 이익에 반하여 흰 것을 희다고 이야기할 것인가, 하는 것이다.

아렌트는 이성 혹은 지식의 이성적理性的이고 사적私的인 사용과 공공적公共的 사용을 구분한다. 지식을 이성적으로 사용한다는 것은 자신이 속한 집단을 위해서 이성을 사용하는 것이다. 공직에 있는 자가 자신이 속한 공동체의 이해를 위해 봉사하는 것은 이성의 사적 사용에 해당한다. 반면 이성을 공공적으로 사용한다는 것은 자신이 속한 집단의 이해나 자신이 놓여 있는 사회적 입장에 구속되지 않고, 공중 일반을 향해 자기 의견을 표명하는 것이다. 그런 점에서 아렌트의 공공성은 합의의 형성이기보다는 다원성을 전제로 하는 차이의 인정이다.(한나 아렌트, 『인간의 조건』, 102~112쪽)

비정규직 및 사회적 약자의 보호에 정책 초점을 맞추어야 한다는 칼럼 내용이 정부 연구기관의 구성원으로서 적절하지 않고 기관장의 의견에도 반한다는 이유로 중단을 요구받았다고 하자. 계속할 경우 소속 집단 및 구성원에게 불이익이 갈 수 있다는 이야기도 들린다. 이 문제에 관해 조언을 구해 보면 다음의 몇 가지 의견으로 나뉜다.

하나는 정부 출연 연구기관의 구성원은 일반적인 학자, 특히 대학교수와 같은 자율성을 갖기 어렵다는 사실을 인정해야 한다는 견해다. 그렇기 때문에 굳이 칼럼 중단 요구가 없었다 하더라도 그동안의 기고 내용은 규범에 어긋난다는 것이다.

또 하나는 동료에게까지 직간접적인 피해가 갈 수 있는 사안이라면 자제해야 한다는 것이다. 칼럼을 쓸 수 있는 사람은 많고 신문사는 다른 필자를 쉽게 구할 수 있지만 조직이나 구성원의 피해는 대체 불가능하다. 따라서 중단하는 것이 적절한 처신이라는 의견이다.

마지막으로 바람이 불면 자리에 앉아 쉬어 가는 것도 지혜라는 견해다. 비정규직 및 사회적 약자 문제는 단기적으로 해결되지 않는데, 지금 너무 많은 열정과 노력을 쏟아 버리는 것은 현명하지 않다는 것이다. 칼럼은 쓸 수 있으나 시기적으로 적절하지 않다는 의견이겠다.

이것 중 가장 고민스러운 것은 기고 행위나 기고 내용이 소속한 집단에 피해를 줄 수 있다는 것, 즉 집단의 이해에 반할 수 있다는 사실일 것이다. 과도한 비유일지 모르지만 한국에서 내부고발자에 대한 시선은 매우 차갑다. 팔은 안으로 굽는 것이지 밖으로 꺾이지는 않으며 도덕책에서는 멸사봉공(滅私奉公, 사사로움을 버리고 공적인 것을 취한다)을 가르칠지언정 현실은 멸공봉사(滅公奉私, 공적인 것을 버리고 사사로움을 취한다)라는 농담이 진담일 경우가 왕왕 있다. 칼럼을 쓸 사람이 많다는 것을 위로 삼아 기고를 중단할 수는 있지만 그래도 공동체의 이익에 반하여 활동하는 것, 즉 '공공성'에 대한 고민은 남는다.

공공성은 크게 네 가지 범주로 나뉜다. 하나는 공무원, 공기업 등 국가에 관계된 공적인official 것을 의미한다. 두 번째는 공공재, 공유지 등 모두에게 공통적common인 것을 지칭하는 경우다. 세 번째는 교육이나 의료와 같이 제공되는 서비스의 성격이 시민적civil이고 집단적인 것을 뜻한다. 교육이나 의료가 민간 기업에 의해 제공된다 하더라도 그 성격상 공공적인 것으로 간주되는 이유는 여기에 있다. 마지막으로 누구에게나 열려 있는 것the open으로서의 공공성이다. 연구자는 자신이 소속한 집단이 정부나 공공기관일지라도 그 집단의 이해로부터 자유롭게 대중에게 말할 수 있어야 한다는 의미겠다. 이것은 거꾸로 비정규직이나 사회적 약자, 특정 집단에 소속되지 못한 사람에게도 '열려진'이라는 의미이기도 하다. 그렇다면 사회과학 및 연구자가 추구하는 공공성이란 무엇인가? 질문이 열려진 만큼 답변도 열려 있다.

사회과학에 대한 질문

리영희는 『전환시대의 논리』 머리말에서 "어느 시대에도 궤변은 필요하다. 이 속에 수록된 몇 편의 글은 발표될 때에도 빈약한 한 사회과학도의 '가설'이었던 것처럼, 코페르니쿠스의 지동설이 발표된 때부터 531년 2개월이 지난 지금도 역시 가설이다"라고 하였다.

1974년에 쓴 서문이니 정확하게 35년이 지났다. 그런데도 그 구절이 필자의 가슴을 치는 것은 그것이 낡은 이야기가 아니라 현재진행형이기 때문이다. 학문의 역사는 가설의 역사일지도 모른다. 연구자는 아직 입증되지 않은 자신의 논리, 예를 들어 "파업권 보장 없이 민주주의는 없다"는 가설을 제시하고 그것을 입증하려 한다. 학문은 끊임없이 만들어지는 가설을 통해 재구성된다. 하지만 가설을 주장하고 입증하는 것이 학문 외부의 강제에 의해 불가능하여 가설이 가설로만 남는다면 그것은 학문 세계의 문제가 아니라 사회적이고 정치적인 문제로 바뀐다. 리영희는『전환시대의 논리』2006년 개정판에서 "민주주의라는 나무는 피를 먹고 자란다"는 말을 인용했다. 만약 학문 세계의 가설도 피를 먹고 자라야 한다면 학자는 있으되 그 혹은 그녀에게는 학문의 자유, 진리를 추구할 자유가 없다.

사회과학 및 연구자에게 질문을 던지거나 가설을 세우는 것은 매우 중요한 일이다. 하지만 그것을 입증할 수 있는 조건, 즉 민주주의적 규범 역시 매우 중요하다. 가설이나 질문이 나의 이해나 내가 소속한 집단의 이해와 다를지라도 존중할 용기가 없다면 연구자가 질문을 던지거나 가설을 세우는 것의 의미는 반감된다. 나의 의견이 특정 기준이나 이념에 반하더라도 억압받지 않을 자유는 나와 다른 의견 또한 억압받지 않을 자유이기 때문이다. 가설의 편향성이나 편향적 진리가 동등하지 않음을 인정한다 하더라도 내 의견의 존중은 남의 의견의 존중을 의미한다는 최소한의 규범, 그것이 사회과학의 전제 조건이라고 믿는다.

정말 어려운 글이 끝나 간다. 그래도 한 가지만 더, 올해 혹은 당분간은 이런 글 청탁을 받지 않겠다 결심한 이유, 즉 이런 글을 쓰기에 부적절한 이유를 보여주는 사례가 있어 소개하고 끝맺으려 한다.

최근 모 학술저널에 게재한 필자의 특정 논문이 사회과학 연구가 아니라 일종의 보고에 불과하다는 비판을 받았다. 그 이유는 크게 두 가지인데, 하나는 "시장 논리의 지배에 따른 업적 관리의 강조가 학진(한국학술진흥재단)의 학술지 등재 제도와 결합하여 연구의 양적 증가를 낳고", 연구자들은 논문의 질이 아닌 논문의 양에 집중한다는 것이다.

> 생산성 향상에 몰두하는 연구자들에게 '이것이 사회과학인가'를 질문한다.(이기홍, 「사회과학에서 생산성 그리고 구상과 실행의 분리」, 『경제와 사회』 77, 10쪽)

필자의 해당 논문이 생산성 향상에 몰두한 결과라는 것은 과도한 비판일 수 있다. 왜냐하면 필자는 업적 관리 때문에 학진의 학술지에 논문을 등재하지 않으며, 비판받은 해당 논문도 예외가 아니다. 1년에 5~6개 이상의 프로젝트를 해야 하는 정부 연구기관에서 논문 기고는 칼럼 기고와 같이 일종의 미친 짓이다. 해당 연구자의 인사고과 평점을 깎아 먹는 행위이며 필자가 올해 승진에서 탈락한 이유 중 하나가 여기에 있다. 게다가 그 한 편의 논문을 쓰기 위해 필자는 2005년부터 매년 현장을 방문하여 참관을 하며 사례를 모았다.

따라서 문제는 두 번째 지적이다. 비판자는 구상과 실행의 결합을 제대로 된 논문의 기준으로 삼는다.

> 과학적 연구의 노동 과정에서 연구자는 '구상'을 통하여 잠재적인 인과관계를 상정하고 그것의 존재와 타당성을 확인하는 방식으로 노동을 수행하는

데, 상정한 특정 인과관계의 존재를 확인하지 못하면 다시 또 다른 인과관계를 상정하고 확인하는 과정을 반복해야 한다.(이기홍, 「사회과학에서 생산성 그리고 구상과 실행의 분리」, 25쪽)

그런데 비판자가 보기에 필자의 논문은 인과관계를 드러내지 못하였다는 점에서 논문이 아니며, 그 이유는 다시 생산성이다. 왜냐하면 업적 관리의 압박하에서 지속적으로 연구 성과를 발표해야 하는 연구자가 이러한 비생산적이고 불확실한 연구를 수행할 것으로 기대하기는 극히 어렵기 때문이다.

비판자의 관점은 상당 부분 옳다. 필자의 논문이 비판자가 보기에 정확한 인과관계를 드러내지 못하였을 수 있다. 그렇다면 왜 게재했을까? 필자는 부족한 논문이라도 "게재를 허락한다면" 소통을 위해 게재할 수 있다는 입장이다. 구상과 실행을 결합하지 못한 글일지라도 비판과 반비판을 통해 좀 더 완성도 높은 논문으로 만들어 가는 소통의 과정이 필요하다고 보며, 그것이 학술지라는 공간일 수 있다고 생각한다. 따라서 필자에게 아쉬운 것은 내용에 대한 비판이지 생산성 향상에 몰두한 탓이라는 단정은 아니다. 또한 게재를 허락받지 못한다면 그 역시 연구자로서의 무능력이나 부족함을 자각하는 계기라고 본다.

더군다나 '제대로 된' 논문이 무엇인가, '제대로 된' 논문은 어떻게 만들어지는가에 대해서는 여러 가지 의견이 있을 수 있다. 또한 비판자가 쓴 것처럼 '제대로 된 논문'이 아닌 것이 곧바로 '사회과학'이 아닌 것으로 인정되기 위해서는 다양성을 전제로 한 차이의 존중 과정, 공론의 과정이 좀 더 필요한 것이 아닐까?

　제대로 된 논문이 무엇인가에서부터 사회과학이란 무엇인가에 이르기까지 좀 더 많은, 좀 더 광범위한 논의가 아직 부족한데 '구상 기능에서 분리된 실행', '연구가 아니라 보고', '그들만의 사회과학', '한국의 기존 연구를 참고하지 않는 관습' 등의 강한 비판을 하는 것은 선후가 뒤바뀌었다는 느낌이다.

　나아가 정상인의 입장에서 정상 '인 자'와 '아닌 자'를 구분하는 방식을 그대로 적용하고 있는 것은 아닌지 따져 볼 필요가 있다. 예를 들어 정부 출연 기관의 연구자는 학문 세계의 중심인이거나 정상인이기보다는 주변인일 가능성이 높다. "정책 연구나 정책 보고서는 학술 연구나 학술서가 아니다"라는 이야기를 필자는 종종 듣는다. 사실 한국 사회의 관행을 보면 그런 이야기조차 필요 없다. 아무리 좋은 평가를 받은 정책 연구 보고서라도 대학교수 임용시 경력으로 인정받지 못하는 관행이 이미 정착되어 있기 때문이다. 정상적인 연구와 아닌 연구가 있는 것이다.

　그렇기 때문에 주변인의 입장에서는 정상인과 주변인의 구분조차 없애는 새로운 통합, 새로운 학문, 새로운 사회가 필요하다. 무엇을 위한 사회과학인가, 누구를 위한 사회과학인가, 혹은 이것이 사회과학인가를 질문하는 것만큼 당신은 누구인가라는 질문, '주변인'의 사회과학이 무엇인가라는 질문도 중요하다고 생각한다. 아직 열려진 주제이고 이제 시작하는 질문인데, 그에 대한 논의도 없이 사회과학 '인 것'과 '아닌 것', 제대로 된 것과 아닌 것을 구분하는 비판은 너무 이르지 않은가.

어쨌든 필자의 논문이 사회과학이 아니라는 비판을 받은 것은 지워지지 않는다. 이것은 대부분 필자의 학문적 무능력에 기인한 바 크다. 그런데도 '리영희와 사회과학'이라는 주제로 글을 써야 했기 때문에 쓰는 내내 당혹스러웠고 주제넘은 짓이라는 생각에 시달렸다. 그래도 이 글 덕분에 초보 사회과학 연구자로서의 필자의 고민을 정리할 수 있었던 것은 과분한 행운이다. 다만 앞에 열거한 질문의 무겁고 날카로운 긴장감을 필자와 같이 약한 사람이 감당할 수 있을지는 알 수 없다. 그래도 도망갈 수 없어 살아간다. 강한 자만이 살아남는다지만 도망갈 수 없는 사람도 살아남는가 보다.

냉소주의 시대의 우상과 이성

한윤형

대학생 · 자유기고가. 저서로 자전적 에세이인 『키보드워리어 전투일지 2000~2009』, 뉴라이트 역사논쟁에 대한 비평서 『뉴라이트 사용후기』가 있다. 고등학생 시절부터 안티조선 운동에 참여했으며, 민주노동당원을 거쳐 현재는 진보신당원. 인터넷에서 정치/문화 평론을 하다가 『씨네21』, 『경향신문』 등에 글을 기고했다.

http://yhhan.tistory.com

'아버지 세대의 선생님'을 만나다

흐르는 물을 붙잡는 것처럼 부질없는 규정이긴 하지만, 오늘날의 20대는 1980년대생이다. 윗세대들에겐 생소한 일이겠지만 우리에게는 60년대도, 70년대도, 80년대도 똑같이 '역사'라는 이름으로 스스로의 모습을 드러낸다. 오늘날의 청년들에게 지금은 흘러갔지만 엄연히 체험된 시대로 남아 있는 것은 90년대뿐이다. 철 지난 운동권들이 1980년대를 바라보며 '환멸의 90년대'를 한탄하듯, 재미있게도 어떤 20대들은 지금 향유하는 대중문화의 기원 혹은 그 전성시대로서의 90년대를 추억한다. 서태지와 듀스와 HOT와 젝스키스의 시대를. 음악에 관심이 없는 이들이라면 하다 못해 황선홍과 홍명보가 현역으로 뛰던 시절의 축구대표팀이라도 그리워할 것이다. 이렇게 사람들은 자신이 발 디딘 곳에서 역사를 바라본다.

그런 젊은이들이 만약 역사에 관심을 가지게 된다고 가정했을 때, 특히 조금은 진보적인 관점에서 역사를 바라보고 싶다고 작정했을 때, 1968년은 하나의 당혹스러움으로 다가오지 않을까? 세계화 물결에 편입된 '대한민국'에서 전 지구적 동시대성을 일상으로 여기며 살아온 그들에게는, 지구 방방곡곡을 강타하던 '68혁명'의 물결이 오직 남한에만 영향을 미치지 못했다는 사실이 이해가 되지 않는다. '68혁명'을 뭐라고 정의해야 할지 알지도 못하면서 막연히 체 게바라의 아이콘을 소비하던 젊은이들에게, 막상 책에서 발견할 수 있는 1968년 한반도의 상황이 북한과 미국 사이에 있었던 '푸에블로호 사건' 하나라는 점은 매우 곤혹스럽다.

그 시대를 살아 낸 사람에게는 그것이 당연한 일이겠지만, 어디 후세대들에게야 그렇겠는가. 그만큼 한국 사회의 변동은 빨랐다. 세계적인 발전경제학자 장하준은 베스트셀러 『나쁜 사마리아인들』의 서문에서 국립민속박물관의 1950년대 사진을 보고 이것이 우리나라라는 것을 의심스러워하는 한국 젊은이들을 조우한 경험을 적어 놓았다. 하지만 빠르게 변한 것은 '경제'만이 아니었다.

돌이켜 보면 반공反共의 종주국인 미국에서조차도, 정부의 시책과 다른 방식으로 생각할 자유는 존재했다. 1950년대 미국에서 활개친 어느 상원의원의 이름을 딴 매카시즘이란 어휘는, 상대방을 공산주의자로 몰아붙이는 마녀사냥이 미국에서는 적어도 특수한 현상이었음을 보여준다. 굳이 매카시즘이란 어휘를 한국 현대사에 적용할 필요는 없을 것이다. 냉소적으로 말한다면, 그것은 결코 특수한 현상이 아니었기 때문이다. 대한민국의 '사상의 자유'는 언제나 자유민주주의 우방 국가들이 아니라 철의 장막 저편의 전체주의-공산주의 국가들과 비교해야 하는 수준이었던 것이다.

장하준의 책을 국방부 불온서적으로 지정하는 오늘날의 대한민국이 그리 개명된 사회라고 볼 수는 없겠지만 적어도 저 40년 전과는 사뭇 다르다면, 무엇이 그 변화를 설명할 수 있을까? 어떻게 무기물에서 생명이 탄생할 수 있으며, 번데기는 나방으로 변태하여 날아오를 수 있는가? 호치민을 외치며 시위하던 전 세계의 청년들의 존재를 모르고 베트남 파병의 감격에 전 국민이 눈물 흘리던 '남한'은 어떻게 아프가니스탄 파병에 대해 찬반양론이 갈리는 '대한민국'이 되었는가? 그 놀라운 변화의 조짐을 찾아내려 한다면 전후 2세대인 우리는 결국 '아버지 세대의 선생님'이었던 리영희를 만나게 되지 않을까?

리영희와 청년 문화의 긴장 관계

1964년부터 조선일보사에 근무하던 리영희는 『조선일보』 국제면을 미국의 베트남전쟁과 한국군 파병에 비판적인 유일한 지면으로 만들었다. 1966년에서 1967년 사이 중앙정보부와 국방부는 언론인들을 사이공에 초청해 융숭한 대접을 하며 우호적인 보도를 유도했지만, 리영희는 굴하지 않았다. 훗날(1997년) 베트남 대사 구엔 푸 빈은 생면부지의 리영희에게 베트남 건국기념일 기념 파티 초대장을 보냈다. 대사로 임명된 이후 한국에 관한 자료를 검토하다 보니 당시 한국군 파병의 문제점을 지적하고 사회주의 베트남을 옹호한 유일한 인물이 리영희라는 것을 알게 되었다는 것이다. 1968년 푸에블로호 사건 때 북한이 소련을 통한 압력에도 굴하지 않고 미국 대통령 린든 존슨의 사과를 받고 나서야 승무원들을 석방하자, 리영희는 '북괴'라는 용어 대신에 '북한'이라는 용어를 사용하기 시작한다. 북괴는 북한 괴뢰의 준말이다. 괴뢰는 꼭두각시라는 뜻이다. 리영희는 북한의 행동을 보고 그들이 적어도 꼭두각시는 아니라고 판단했던 것이다. 이후 언론계에서 북한이라는 용어가 표준이 된다.

철의 장막 안쪽에서도 특별히 비닐하우스를 치고 우방국으로부터 몰려오는 모든 비바람을 외면하는 곳이 남한이었다. 재일교포들이 한국에 들어왔을 때, 그들이 일본에서 조총련 출신을 한 명만 만났더라도 국가보안법에 저촉되어 구속되어야 하는 그런 땅이었다. 그래서 어느 재일교포 소설가는 아예『금단의 땅』이란 제목의 소설로 그 시기를 묘사했던가. 그 시기를 기자로 살던 리영희는 해직된 이후 1974년『전환시대의 논리』와 1977년『우상과 이성』을 통해 시대의 지식인으로 거듭난다. 미국과 중국의 해빙 무드라는 시대적 환경 속에서 절대악으로 규탄되던 현실사회주의 체제를, 특히 중국에 대한 재평가를 통해 이성적인 관점에서 자본주의 체제와 비교할 수 있는 대항마로 자리매김한 책들이었다. '주입식 반공교육'에 찌들어 있던 수많은 대학생들은 이 책들을 보고 정수리에 냉수 한 바가지가 부어진 듯한 서늘함을 느꼈다. 이 책들을 통해, 리영희는 명실공히 '70년대 대학생의 아버지'가 되었다.

그러나 리영희가 70년대 대학생들의 전부는 아니었다. 70년대, 한국전쟁을 직접 겪지 않은 전후 1세대가 대학에 발을 들여놓은 시절, 대학가는 통·블·생(통기타, 블루진, 생맥주)과 고고춤을 자신들의 문화로 받아들이고 있었다. 이를 두고 소위 '청년 문화' 논쟁이란 것이 생겨났다.

청년 문화에 대한 당시의 논쟁을 살펴보면 훗날의 대중문화 관련 논쟁과 별다른 차이가 없다. 논리적으로 볼 때, 청년 문화에 비판적으로 접근하는 세 가지 방법이 가능하다. 첫째는 청년 문화가 퇴폐적이고 엘리트주의적이며 반정치적인 것이라고 비판하는 것이다. 둘째는 청년 문화가 원산지인 미국에서는 저항의 코드였으나, 한국에 수입되면서 그 정치적인 정신은 사라지고 껍데기만 남게 되었다고 비판하는 것이다. 셋째는 청년 문화가 전체 대학생을 대변하지 못한다고 얘기하면서 청년 문화 비판으로 청년을 비판하는 것의 효용성 자체를 무력화시키는 것이다. 이런 종류의 애기들은 오늘날에도 흔히 들을 수 있다. 첫째를 '꼰대' 운동권의 논리라고 말할 수 있을 것이고, 둘째를 비평가 운동권의 논리라고 칭할 수 있을 것이며, 셋째를 "우리 열심히 하고 있어요"라고 말하는 학생운동권의 논리라고 정리할 수 있을 것 같다. 이 논쟁은 문화도 지식도 선진국에서 수입해 온 한국 사회의 특성을 그렇고 그런 수준으로 반영한 범상한 수준의 논쟁이었다. 그리고 이 청년 문화라는 벡터의 반대편에 리영희의 영향력이라는 벡터가 있었다고 말할 수 있을 것이다.

말하자면 70년대의 대학생은 청년 문화와 리영희 사이에 있었다. 그리고 이 시기는 처음으로 대학생이라는 정체성을 통해 청년 세대가 규정되기 시작한 때였던 것 같다. 또래의 젊은이들이 모이는 대학은 공통의 문화를 형성하기에 좋은 장소였다. 생각해 보라, 각자의 집에서 농사를 짓거나 뿔뿔이 공장으로 흩어진 젊은이들이 통·블·생이나 리영희를 논의할 가능성이 얼마나 되겠는지를. 1960년대 초 한국 사회의 대학 진학률은 5% 정도였다. 극소수의 특권층들만 대학에 갔던 것이다. 그러던 것이 1970년대에 들어와서는 대학 진학률이 29.6%로 상승한다. 1990년의 대학 진학률이 33.2%였다고 하니 1970~80년대는 청년층의 30%에 해당하는 대학생들이 청년들의 문화와 정치의식을 주도하던 시대였다고 말해도 무리가 없겠다. 리영희는 그처럼 새로운 세대의 코드였던 것이다.

전후 1세대와 386세대를 포괄하는 이 '30% 대학생의 시대'는 여러모로 다른 세대와 구별되는 청년들의 시대였던 것 같다. 이전과는 달리 대학 안에서 잘사는 집의 젊은이와 못사는 집의 젊은이가 섞이게 되었다. '우골탑牛骨塔'이란 말이 보여주듯 자식의 계층 상승을 위해 혼신의 힘을 다한 농민의 자녀들이 대학에 들어오기 시작했다. 진학률이 5%에서 30%로 확대되면서 다양한 이들이 입학하게 되었지만 그럼에도 불구하고 아직까지 대학의 '특권'은 존재했다. 농민의 자녀라도 대학에만 들어오면 같은 문화를 향유할 수 있었고 이후의 삶의 기회도 학우들과 '동등하게' 부여받을 수 있었다. 이런 조건과 시대적 상황을 고려한다면, 그들 중 일부가 그 보장받은 특권을 활용해 사회변혁을 꿈꾸게 된 것도 놀라운 일은 아니었다. 이들이 청년 문화와 리영희 사이에 있었다는 것은 무슨 의미일까? 청년 문화와 리영희는 반대되는 것이기만 했을까? 오히려 그 둘은 대립항이면서도 그 시대를 규정하는 시대정신을 반영한 것이 아닐까? 예컨대 '자유'라는 화두를 던져 본다면 어떨까? 통·블·생과 고고춤이 '자유'에 대한 갈망을 보여준 것이라면, 리영희의 저서를 읽고 의식화되는 것 역시 '자유'에 대한 갈망의 산물은 아니었을까?

"그러나 외롭기 짝이 없는 저 사막에서 두 번째 변화가 일어난다. 여기에서 낙타는 사자로 변하는 것이다. 사자가 된 낙타는 이제 자유를 쟁취하여 그 자신이 사막의 주인이 되고자 한다."(니체, 『차라투스트라는 이렇

게 말했다』, 39쪽)

　니체는 차라투스트라의 입을 빌려 정신의 세 가지 변화에 대해 말하면서 자유를 쟁취하기 위해 용과 대적하게 된 사자를 이야기한다. 이성의 우상에 대한 투쟁은 니체가 말하는 사자의 용에 대한 싸움과 닮았다. 리영희와 그의 지지자들은 자신에게 주어진 자료와 판단력을 신뢰하면서 국가가 '믿으라'고 강요하는 도그마에 부딪친다. 그들이 언제나 올바른 것은 아니다. 70년대의 리영희는 사회주의 중국과 문화혁명에 대해 대단히 우호적인 시선을 보내고 있었다. 당시에 주어진 자료를 활용해, 경직된 한국 사회를 깨뜨리기 위한 시도였다는 점을 감안하면 이해가 안 가는 것은 아니다. 하지만 오늘날의 우리는 70년대의 리영희의 견해에 동의하지는 않는다. 사실 리영희 스스로도 그렇다. 현실사회주의 체제의 붕괴를 보고 리영희는 자기 반성을 시도한다. 어쨌든 리영희의 투쟁은 주장의 옳음을 관철하는 것 이상으로 주장을 펼칠 권리를 확보하는 데 있었다는 것이 중요하다.

　세월은 흐르고 전후 2세대가 대학에 들어왔다. 1990년의 대학 진학률은 33.2%였다. 민주화 이후 서민들의 계층 상승에 대한 욕망은 10년 후의 대학 진학률을 68.8%까지 끌어올린다. 오늘날의 대학 진학률은 OECD 국가 중에서도 가장 높은 86% 수준이라고 한다. 과장해서 말하자면 모든 젊은이가 대학에 간다.

　오늘날의 우리는 자유로울까? 투쟁해야 할 대상이 없을까? 왠지 어리석은 질문인 것 같다. 자유로운 것인지 아닌지, 자유롭지 않다면 어떠한 상태인 것인지, 그렇게 만드는 것은 무엇인지가 모두 불분명하기 때문이다. 우리 시대의 우상은 무엇일까? 그 이전에 우리 시대의 이성은?

무엇이 우상이고 무엇이 이성인가

70년대에 청년 문화와 리영희의 긴장 관계가 있었다면, 80년대는 후자가 승리한 시대로 보였다. 전체적인 대학생들의 삶까지 그랬는지는 잘 모르겠지만, 많은 사람들이 그 시대를 대학 사회 안에서 운동권 주도의 '민중 문화'가 대중문화를 압도했던 시대로 '기억'한다. 그리고 리영희의 위상에도 변화가 있었다. 리영희의 책을 읽고 의식화된 청년은 여전히 많았지만, 이 시대의 리영희는 종착역이 아니라 교착지였다. 80년대는 마르크스주의의 시대였다. 리영희의 책을 읽고 정신이 깨인 젊은이는 거기에서 멈추지 않고 진정한 사회주의자로 거듭나야 했다. 사회주의자가 됨에 있어 소련제 교과서를 쓰느냐 북한제 교과서를 쓰느냐를 두고 파벌을 나누어 싸웠다.

　당연히 외국에서 수입한 이론이 그대로 한국 사회를 설명할 수 있는가라는 의문이 들 법도 했다. 70년대 운동권인 주대환은 386세대에 대해 "역사는 자신들이 처음 쓰고 있다고 믿는" 그들이 "당대 우리나라 학자들의 연구 성과를 전혀 읽지 않"으면서 "대학교 캠퍼스를 해방구로 알고 온갖 혁명의 이론을 펼치고" 있다고 평했다.(주대환, 『대한민국을 사색하다』, 169쪽) 리영희의 이성이 냉전 시대의 우상으로부터 자유를 확보하려고 했다면, 거대 담론에 맹목적으로 복종하면서 새로운 세상을 열려고 했던 그들의 교리는 또 하나의 우상이 아니었을까?

90년대 들어 현실사회주의 체제가 붕괴하자 이번에는 정반대의 역전 현상이 발생했다. 학생운동권은 침체의 길로 나아갔고 대중문화만이 청년들을 구원할 것처럼 보였다. 서태지는 문화대통령이 되었고 통일운동을 외치던 운동권들은 더 이상 신입생이 들어오지 않는 풍물패 동아리방에 앉아서 〈발해를 꿈꾸며〉를 들었다. 소련이 망한 후 허탈해진 좌파들은 문화평론을 시작했다. 포스트모더니즘이 유행했다. 386세대의 마르크스주의와 비슷한 방식으로, 갑자기 외부에서 찾아온 유행이었다.

문화평론가 이택광은 지적한다. 백낙청, 김우창, 박이문과 같은 학자들은 포스트모던 철학자들과 동시대를 산 사람으로, 이미 예전부터 그 철학자들의 이론을 활용하여 한국 사회를 바라보고 있었다고. 그런데 그 철학자들과 동시대를 산 한국 학자들의 글은 알지 못했으면서, 90년대에 포스트모던 철학자들이 갑자기 '최신 이론'으로 소개되면서 들어오기 시작했다고.(꺄르르, 「이택광 인터뷰 – 촛불은 쾌락의 평등주의, 월드컵의 재현」, http://blog.ohmynews.com/specialin/304317) 좌파들이 그렇게 주체성이 결여된 방식으로 이 대중문화의 시대에 적응하는 동안 문화를 향유하는 청년들은 비평가의 시선에 대한 불편함을 내면화하게 되었다. 여기서 우리는 무엇이 우상이고 무엇이 이성인지를 분별할 수 있을까?

직관적으로 바라볼 때 오늘날의 청년 세대는 70년대의, 80년대의, 90년대의 청년 세대와 현격하게 다른 것 같다. 그리고 오늘날의 청년 세대의 아버지 세대인 전후 1세대가 대학 사회에서 느꼈던 청년 문화와 리영희의 긴장 관계라는 것은 이 시대에 와선 아무런 의미를 지니지 못하는 것 같다. 하지만 그러한 변화 역시 한국 사회의 변동이라는 문맥에서 이해될 수 있을 것이다. 각 세대의 대학생들에 대한 나의 이 짧은 스케치에서도 그 점이 드러나고 있지 않은가? 그런 변화를 받아들이면서 다시 한 번 심각하게 던질 수밖에 없는 질문은, "80년대와 90년대를 지나서 나와 친구들의 시대로 왔을 때, 우리는 무엇을 우상이라 부르고 무엇을 이성이라 불러야 하는가?"라는 것이다.

리영희와 청년 문화의 상실

그러나 그 질문은 너무 본질적이다. 그 질문에 대답하기 위해서는 앞선 세대의 연장선상에 있는 오늘날의 청년 세대가 어떤 조건에 처해 있는지에 대한 적절한 분석이 필요하다. 새로운 청년 세대의 특징은 리영희와 청년 문화의 대립항 자체가 상실되었다는 것이다.

리영희가 상실되었다는 것은 무엇을 의미하는가. 그것은 비단 젊은이들이 정치에 관심을 가지던 시대가 지나갔다는 말은 아니다. 물론 그것 자체도 중요한 일이다. 90년대의 리영희는 "새는 좌우의 날개로 난다"는 지극히 방어적인 구호를 내걸 수밖에 없었다. 좌파를 멸종시키고 건국된 대한민국에서 그것은 합당한 수사이겠지만, 한편으로는 더 이상 좌익이 새로운 것을 만들어 낼 수 없는 시대의 방어적 구호이기도 했다. 그러나 그보다 더 중요한 문제가 있다. 더 이상은 청년층이 공유하는 공통의 텍스트가 없다는 문제 말이다. 70년대 대학생들은 리영희를 중심에 두고 토론할 수 있었고, 80년대 대학생들은 마르크스를 가지고 토론할 수 있었다. 90년대엔 포스트모던 철학자들이라도 유행의 대상이 되었다. 그러나 이 시대엔 대학생들이 서로 얘기를 할 수 있는 출발점이란 것이 존재하지 않는다. 우리 시대의 대학생들도 리영희를 읽을 수도 있고, 마르크스를 읽을 수도 있으며, 문화 연구를 참조할 수도 있다. 실제로 어떤 이들은 그렇게 한다. 그러나 중요한 점은 그들이 더 이상 또래들에게 이해받지 못한다는 것이다. 오늘날의 청년들은 각자의 고립된 공간에서 고립된 주체로 살아간다.

아버지 세대의 스승이 리영희였다면, 그 시대에 리영희나 백낙청 같은 지식인의 글을 읽을 수 있었다면, 그 후엔 어떠한 진전도 없었단 말인가. 90년대 후반의 대학생들은 아마도 강준만의 『인물과 사상』을 읽고 있었을 것이다. 세기말의 지식인들은 "요즘 대학생들은 사회과학 도서를 읽지 않고 『인물과 사상』이나 읽는다"라며 개탄하고 있었다. 오늘과 같은 시대가 펼쳐질 줄 알았더라면 그들의 개탄의 내용은 조금 달라지지 않았을까? 2000년 이후 정치에 관심을 가지게 된 청년들에겐 아마도 강준만이나 진중권, 박노자 정도가 자신의 지반이 되었을 것이다. 그러나 이들을 좋아하는 것은 이제 대학 사회에서도 매우 한정된 영역의 일이 되었다.

청년 문화가 상실되었다는 것은 무엇을 의미하는가? 그것은 대중문화가 확장되고 대중사회가 도래하면서 역설적으로 청년 세대와 대학생들의 문화가 전위의 역할을 상실했다는 사실을 의미한다. 요즘의 대중문화는 오히려 10대와 30대를 타깃으로 삼고 있다는 식의 개탄을 20대들에게서 심심찮게 들을 수 있다. 20대의 영향력의 상실을 간단하게 얘기할 수 있는 조류는 최근의 '걸그룹' 열풍이다. '걸그룹'이 대중문화의 대세가 되었다는 사실은 무엇을 의미하는 것일까? 세기말에 내가 서태지를 좋아할 때 아버지는 나를 마뜩찮은 눈으로 쳐다보았다. 하지만 오늘날 아버지와 내가 2NE1이 더 매력적인지 카라가 더 매력적인지를 논하는 데에는 아무런 문제도 없는 것이다. 걸그룹 열풍은 파이가 작아진 가요 시장에 대한 자본의 대응책으로, 세대를 초월한 남성 소비자들의 연대를 의미한다. 20대 남성과 50대 남성이 거리낌없이 품평할 수 있는 그런 소비상품을 대중문화는 이제 공급하고 있는 것이다.

오히려 오늘날의 젊은이들이 정체성을 가지고 있는 문화 영역은 소위 '오타쿠'라고 불리는 이들이 향유하는 서브컬처의 영역이다. 이 영역은 논리 필연적인 것은 아니지만, 오늘날의 젊은이들의 코드가 된 '잉여 정서'와 관련이 있다. 잉여라는 말은 이 시대 젊은이들이 자조적으로 자신을 칭하는 말이 되었는데, 의미심장하다. 이전 시대의 루저 정서는 주로 학벌 질서에 편입되지 못한 이들의, 혹은 반발하는 이들의 것이었다. 그러나 오늘날의 잉여 정서는 학벌 사회에 순응한 이들의 것이다. 부모님들이 시키는 대로 꿈도 갖지 않고 하루하루 성적을 올리는 것을 목표로 살았고, 그 결과 대학에 입학하고 졸업했지만 어느 곳에도 취업할 전망이 없는 이들의 정서인 것이다. 오늘날의 세대는 순종했음에도 불구하고 아무엇도 얻지 못하는 세대가 되었다. 그런 이들이 공유하는 '잉여 정서'는 자기 학대와 정치적 각성의 중간 정도에 위치한 문화적 감수성이다.

전환이 불가능한 시대의 우상과 이성

앞서 얘기했듯이 나는 오늘날의 청년 세대가 이전과 아무리 구별된다고 하더라도 '신인류'와 같은 무책임한 수사가 아니라 사회변동의 문맥에서 분석될 수 있다고 생각한다. 그리고 이런 자세를 취할 때만이 요즘의 20대들이 정치적으로 각성되지 못했다고 비난하는 '꼰대'의 관점에서 벗어날 수 있다.

자본주의가 노동자를 착취하지 않고도 돈만 굴리면 이윤을 얻을 수 있다고 발악하는 금융자본주의의 시대에, 예비 노동자인 대학생들은 자본이 자신을 착취해 주기를 간절하게 바랄 수밖에 없다. 오늘날의 대학생들이 바라는 것은 '자유'가 아니라 '편입'이다. 자본주의로부터의 자유, 노동할 의무로부터의 자유를 꿈꾸지 못하고 자본주의 사회로 편입하기를, 정규직으로 편입하기를, 그러기 위해 좋은 대학으로 편입하기를 간절하게 바란다. 나는 앞에서 이 시대의 우상과 이성의 구분에 대한 의문을 제기했다. 우리가 자유를 쟁취하기 위해 싸울 때, 우상은 어떤 독립적인 것으로 존재하고 이성은 그것을 타파하기 위한 무기일 수가 있다. 하지만 하루하루 편입을 위해 살아가는 우리의 삶 속에선, 우상은 바로 우리의 삶 그 자체다. 이성은 그 안에서 활동하는 것이다. 참담한 일이지만, 그렇다고 그 우상을 전적으로 거부해 버려서는 살 수가 없다.

지금의 청년들이 살고 있는 후기 자본주의 시대는 모든 노동자들에게 자본가의 삶을 강요하는 사회다. 우리 사회에 그러한 조류는 IMF라는 특정한 역사적 사건 이후에 닥쳐왔다. IMF를 '극복'해 내는 동안 우리는 자본가의 사유를 내면화하게 되었다. IMF 이전의 한국 사회는 기업들은 빚을 졌지만 개인들은 저축을 하는 사회였다. IMF 이후의 한국 사회는 기업들은 돈을 쌓아 두지만 개인들은 빚을 내어 돈을 굴리는 사회로 변모했다. 개인은 안정된 직장에서 받는 쥐꼬리만 한 월급으로 알콩달콩 삶을 꾸리는 소소한 행복의 권리를 박탈당했고, 기업가적 마인드를 장착하고 담대한 마음으로 투자하여 인생 역전을 노릴 수밖에 없게 되었다.

모두가 노동자가 아니라 투자자인 시대다. 사람들은 알고 있다. 돈은 노동해서 생겨나는 것이 아니라, 굴려야 나오는 것이라는 걸. '부동산 계급사회'인 한국 사회에서 부동산이 해답이라는 걸 아는 사람들은 일찍부터 승승장구해 왔다. 이제는 부동산을 할 여유가 없는 이들도 주식과 펀드에 자신의 노동가치를 투자한다. 그렇게 하지 않으면 낙오된 삶이라고 생각한다.

20대 여성들의 성형 열풍을 비난하는 뮤맥이 윤리적인 정당성을 상실하게 되는 까닭도 여기에 있다. 성형은 욕망의 문제인가? 물론 모든 것은 욕망의 문제다. 하지만 여기서 그 욕망의 본질을 정확하게 짚어야 한다. 성형은 자기 자신에 대한 자본의 재투자다. 왜냐하면 내 자신이 상품이 되었고, 남들과 비교해서 가치를 매길 수 있는 것이 되었기 때문이다. 자격증을 따기 위해 학원을 다니는 것과 어떻게든 성형을 하려고 기를 쓰는 것은 이제 전혀 다른 일이 아니다. 이제 성형은 우리의 삶의 방식에서 필연적으로 도출되는 자기 관리의 기법이 되었다. 성형을 하겠다는 여성과 토론해 보라. 그녀를 설득할 수 있는 유일한 방법은, 지금 하려는 그 구체적인 성형이 당신의 매력 포인트를 반감시킬 수 있고, 새로 얻을 수 있는 것이 무엇인지는 확실하지 않다고 논하는 것이다. 그러려면 그녀가 하겠다는 성형에 대해 미리 지식을 가지고 있어야만 한다. 그리하여 이제 성형에 관한 지식은 20대 여성의 유일한 공통 교양이 되었다. 이것은 어디까지나 자기 상품화 시대의 자기 관리 기법에 관한 문제일 뿐이다.

이런 시대를 좌파로서 살아간다는 것은 어떤 분열증에 시달린다는 것을 의미한다. 물론 언제나 옷깃을 여미며 경탄하게 되는 리영희의 삶의 자세를 따른다면 분열증은 없을 것이다. 미군 통역장교와 언론인을 하면서도 부정한 돈을 받지 않았던 그런 순결함을 따른다면 말이다. 하지만 그러기에 더 힘든 시대가 온 것도 사실이고, 범인들에게 가능한 선택지의 한계라는 것이 존재한다. 사교육을 비판하면서도 사교육에 종사하면서 돈을 벌 때, 쌍용자동차의 파업 진압에 치를 떨면서도 협상 타결 이후 그 회사의 주식을 사지 못했음을 아쉬워할 때, 당신이 성형을 해야 글도 더 잘 팔릴 거라는 어느 여성의 말을 듣고도 아무런 말을 하지 못할 때……. 살기 위한 방책과 살고 싶은 세상의 분열 속에서 하루하루를 살아간다. 오늘날 분열증에 시달리지 않는 좌파가 있다면 나는 그가 좌파가 될 자격이 없다고 생각한다. 왜냐하면 평범한 노동자들에게 진보적 지향을 내밀면서 설득할 때 그가 만들어 내야 할 것도 어떤 대안적인 삶이 아니라 이 평범한 삶 속에서의 분열증일 수밖에 없기 때문이다.

분열증 시대에 돌아보는 리영희

극우파들이 냉전 시대가 그립다고 난리를 치는 것은 전 세계적 현상인 것 같다. 한국에서도 문근영의 기부 행위에서 좌파들의 정치적 의도를 추론해 냈던 지만원이 냉전 시대가 그립다고 말한 바 있다. 그런데 가만히 생각해 보면 그 시절을 그리워하는 것은 비단 극우파만이 아닌 것 같다. 좌파들 역시 대립구도가 확연했던 그 시절을 그리워하는 것 같다. 소련이라는 적대자가 있던 시절, 자본주의 세계의 국가들은 '아버지'가 되어 인민들의 삶을 직접 억압하고 보살필 수밖에 없었다. 68혁명 당시 자본주의 세계의 인민들은 체 게바라와 호치민을 외치며 그 아버지들에게 히스테리적으로 저항했다. 그때는 저항할 수 있는 대상으로서의 국가라는 것이 존재했다. 그러나 오늘날의 권력은 시장으로 넘어갔다. 어떻게 사람을 이렇게 부릴 수 있느냐고 비정규직 문제를 제기해도 국가는 침묵한다. 어디까지나 사용자와 노동자 간의 문제라는 것이다.

냉전 시대는 현실사회주의 체제를 대안으로 여긴 인민이 아버지-국가에게 복지를 요구하고, 아버지-국가는 현실사회주의 체제를 라이벌로 생각하면서 그 요구를 어느 정도 수용하는 시대였다. 유신 시대의 우상을 타파하는 리영희의 작업은 그러한 국제적인 조류에 한국 사회를 편입시키려는 욕망의 발로였다. 이제 적대자가 사라지자 더 이상 국가는 인민을 보살필 의무를 느끼지 못한다. 인민이 어떤 불평을 늘어놓든 간에 체제는 이렇게 말한다. "너희들, 대안 있어?" 이제 이 대사는 국가의 것만이 아니라 자신의 노동가치를 펀드에 투자하는 모든 인민의 것이 되었다. 좌파들은 이런 모습을 보면서 또 한 번 분열증에 시달린다.

"오늘날엔 무엇이 우상이고 무엇이 이성인 것일까"라고 나는 물었다. 이제 대답을 할 시간이 되었다. 오늘날엔 냉전 시대의 '우상'처럼 '이성'과 구별이 되는 우상이 존재하지 않는다. 우상은 이성이 활동하는 장소일 뿐이다. 그리고 이성은 우상을 작동시키기 위해서 존재한다. 여기서 다른 삶을 꿈꾼다는 것은 하나의 분열증적인 삶에 동참한다는 것을 의미한다. 자본주의의 외부는 사라졌다. 그러나 내부는 점점 더 파탄의 길로 치닫고 있다. 그 자본주의의 최첨단에서 투쟁하는 투사들인 오늘날의 청년 세대들에게도 리영희는 의미를 가질 수 있을까?

이전과 같은 방식으로는 아니지만, 나는 그렇다고 생각한다. 리영희의 글쓰기는 주의 주장에 가득 찬 이전의 진보주의자들의 글쓰기와는 달리 주어진 자료 안에서 합리적인 판단을 내리려는 의지로 가득 찬 글쓰기였다. 자본주의는 노동자들에게 자신의 삶을 객관화할 시간과 여유를 주지 않으려고 한다. 그러나 그런 곳에서 반성적 고찰만큼 치열한 저항의 방식이 있을까? 우상은 어느 곳에나 있다. 그러므로 당신은 어디서든 저항할 수 있을 것이다.

오늘날의 젊은이들에게 필요한 이성은 과거 학생운동권들에게 요구되었던 것과 같은 윤리 의식은 아닐 것이다. 자신을 특권을 가진 주체로 인식하고 사회에 대해 책임을 지려고 했던 과거의 대학생들과는 달리, 대학 진학률 86% 시대의 청년들에게 필요한 것은 다름 아니라 스스로의 삶을 파악하는 이성이다. 그리고 우상과 이성이 구별되지 않는 시대에 필요한 것은 섣부른 근본주의나 간편한 냉소주의가 아니라 자신의 삶을 객관화하려는 성찰 그 자체다. 이전의 세대와는 다른 방식으로, 우리는 그런 성찰 속에서만이 '자유'를 얻을 수 있을 것이다. 아버지 세대의 선생님이 가졌던 치열함은 우리에게 그런 성찰을 위한 출발점을 제공해 주는 것이 아닐까?

리 영 희
인 터 뷰

가혹하게 정직하고, 칼날처럼 순결하게

김현진

에세이스트. 저서로 『누구의 연인도 되지 마라』, 『그래도 언니는 간다』, 『네 멋대로 해라』, 『불량소녀백서』, 『질투하라 행동하라』, 『당신의 스무 살을 사랑하라』 등이 있다. 고등학교를 박차고 나온 '불량소녀'로 세상에 알려졌고, 한국예술종합학교에 운 좋게 들어가 간신히 졸업하고 어쨌거나 빡세게 살고 있다. 『시사IN』, 『한겨레』 등에 고정 칼럼을 썼다

글을 쓰는 나의 유일한 목적은 '진실'을 추구하는 오직 그것에서 시작하고 그것에서 그친다. (리영희, 『우상과 이성』 머리말 중에서)

고독의 일인자

몇 년 회사원 생활을 하면서 월급 타먹고 살긴 했지만 그래도 '글질' 해서 용돈 푼이나 벌고 대학 등록금도 댔는데, 글을 쓰는 목적이라는 게 있었나 싶어 가슴이 턱 막혔다. 물론 대놓고 거짓말한 적이야 없지만 특별히 진실을 추구한 적도 없고 진실을 추구해야 한다는 타는 목마름도 없었다. '리영희 스타일'을 알면 알수록 가슴속을 사정없이 침범하는 감정은 다른 무엇보다, 부끄러움이었다.

이상하게 들리는 말이지만, 리영희라는 거인을 만나는 천금 같은 기회를 마련하는 데 가장 큰 공로를 세운 것은 그야말로 나의 무식이었다. 선생님은 "한 개인에게는 모든 욕심과 집착을 버려야 할 시기가 있는데 이제 그 시간이 온 것 같다, 모든 지적 활동을 접으려 한다"는 말로 이미 예전에 절필을 선언했다. 늑대나 좀비를 잡는 컴퓨터 게임을 만들면서 어찌어찌 밥 먹고 살고 있던, 개구리밥처럼 조직에서 하염없이 겉돌면서 업무 시간에 살그머니 도서관에 숨어드는 것만이 유일한 낙이던, 아무렇지도 않고 예쁠 것도 없는 회사원은 '시대의 은사'가 절필 선언을 한 것도 모르고 논현도서관 신간 책장에서 『대화』를 노려보고 있었다. 원래 제 무식이 괴로운 사람들은 손에 쥐고만 있어도 똑똑해지는 기분이 드는 책을 아주 좋아한다.

어쨌건 그 기분을 실컷 만끽한 몇 년이 지났고 이번에도 무식하면 용감하다고, 응하실 리 없다 굳게 믿고 천둥벌거숭이처럼 겁 없이 인터뷰를 하겠다고 나섰다가 승낙이 떨어졌다는 소식에 눈앞이 캄캄했다. 여전히 무식했고 그때보다 더욱 외로웠지만 시간과 정력만은 차고 넘쳤으므로 그걸 활용하는 수밖에 없었다. 시청에서 숭례문을 지나 타박타박 남산을 걸어 올라가다 보면 인적은 없고 낙엽만 쌓여서 외로움이 사채 이자처럼 불어났다. 마음이 톱밥처럼 푸석푸석했다. 고독이라는 근사한 말을 쓰고 싶지만 고적한 용산도서관의 사회과학 서가에 콕 박혀 창문으로 서울 곳곳을 내려다보면, 친구가 보내 준 썩은 강냉이를 먹던 흑석동의 작은 소년 리영희, 신당동에서 책을 붙들고 있던 청년 리영희, 이병주의 책을 끌어안고 고갯길로 책 팔러 올라가던 가장 리영희의 그림자가 여기저기서 보이는 것 같아 차마 그런 말은 쓸 수 없었다. 고독해야 할 때는 그저 묵묵히 고독하고 고독하지 않아도 될 때에도 자신을 고독하게 만들어 진실에 한 치라도 가까이 가고자 하는 '리영희 스타일', 그 정도는 되어야 고독이라고 부를 자격이 있었다.

2009년 선생님의 팔순 잔치를 차려 드리려 하는 이들의 정성 앞에서도 '리영희 스타일'은 엄혹할 만큼 반듯했다. 선생님은 "뜻이 맞는 벗들과 함께 교유하는 것은 더할 수 없는 즐거움이나 그것과 패거리를 만들어 자신들끼리만 어울리는 것은 자칫하면 종이 한 장 차이가 된다. 나는 절대 그런 패거리를 만들고 싶지 않다"고 대답하셨다 한다. 바로 이것이야말로 둘 이상만 모여도 패거리를 만들고 싶어서 신이 나는 사람들 천지인 대한민국에서 '리영희 스타일'이 몇 십 년이 되어도 그 빛이 바래지 않는 비결인지도 모른다. 선생님의 전집 중 그날 읽을 것을 골라 서너 권씩 가슴에 끌어안고 손바닥만 한 후암시장을 하릴없이 걷다 보면 끝도 없이 외롭고 또 그렇게 너무 외롭다 보면, 간혹 어이없이 행복할 때도 있었다. 아마도 그건 바싹 마른 해면 같은 외로운 가슴에 글자 하나하나가 칼날처럼 스며드는 행복이었을 것이다.

활자 한 획 한 획 꾹꾹 압축되어 있는 산더미 같은 고독 앞에 차마 외롭다 어쩐다 징징거릴 수 없었다. 담배와 성냥을 팔러 다니면서도 장삿속이라고는 도통 없던 소년, 하나뿐인 동생 명희가 이미 죽은 줄도 모르고 분말 페니실린을 챙겨 다급한 발걸음을 재촉하던 전쟁통의 청년 장교, 학생들의 무익한 희생을 막고자 이승만 정권은 이미 끝났다고 메가폰을 가져다 의자 위에서 소리쳐 보았지만 허망하게 바닥에 내동댕이쳐진 청년 기자, 반강제로 사표를 내고 생활을 도모하려 양계에 대한 책을 뒤적이던 한 가정의 가장, 1.1평의 독거실 안의 죄수. "나는 사실 평생을 두고 독불장군으로, 외로운 늑대처럼 소리 지르는 처지였어요. 북한에서 내려온 소학교 친구도 없고, 동향 사람도 없고, 중학교라는 것이 일제 말기 친구늘과는 내가 가는 길이 전적으로 다르니까 어떤 교류가 없었어요. 해양대학의 동창들은 다 바다로 나가 있는데 나는 육지에서 6.25전쟁 7년 동안 향로봉 등에 있었으니까, 아니면 형무소 감방에 있거나 지하실 감방에 있거나. 그런 의미에서 난 참 외롭게 살아왔어요."(『대화』, 563쪽)

바로 이런 것이 고독이었다. 그렇게, 선생님은 고독에 있어서는 대한민국 일인자였다. 고독할 바에야 아주 끝장을 보듯 고독한 것, 그 역시 '리영희 스타일'이다.

레이디, 인텔리겐치아

65세가 되어서야 수도꼭지에서 뜨거운 물이 나오는 문명의 혜택을 받아 보았다는 선생님 댁의 물건이란 물건은 텔레비전을 빼고는 죄다 세월의 흔적이 뚜렷했다. 물건에도 '어르신'이라고 부를 수 있는 급수가 있다면 이 집 세간들이 죄다 그 급이다. 넓고 단단한 갈색 책상도 삼십 년이 넘었다. 바로 이 책상 위에서, 선생님은 펜을 쥐고 그토록 오래 고독한 전투를 치러 온 것이다. 자그마한 서재 벽을 꽉 채운 책장 안에 빼곡한 책도 죄다 손때가 곱게 묻어 은행잎 같은 빛깔로 변색되어 있다. 거실에서 불편한 걸음으로 서재로 들어선 선생님께 동행한 사진작가가 다리를 올려 드릴까요, 하자 꼿꼿하게 고개를 저으며 레이디 앞에서는 그러는 게 아니야, 하신다. 아니 세상에 태어나서 연령을 불문하고 남자에게 이런 고운 취급을 받아 본 적이 있던가. 하지만 이건 비단 레이디고 아니고의 문제가 아니라 '리영희 스타일'의 문제다. 미국 버클리 대학에 교환교수로 가게 되었을 때 자유분방한 분위기의 미국 학생들 앞에서도 선생님은 수업 중에 모자를 반드시 벗을 것, 앞 좌석에 다리를 함부로 올리지 말 것을 엄명했다. 형형한 명사수의 눈빛을 지닌, 이 펜을 든 무사의 명을 학생들은 고분

고분히 따랐다. 어쨌건 무식하게 덤벼든 덕분에 뵐 수 있었으니 흠모 섞인 눈으로 책장을 바라보며 이 당대의 지식인에게 물었다.

【지식인이라는 것은 대학을 나와서 되는 것도 아니고 이렇게 하면 지식인이다, 하는 면허를 따는 면허의 문제도 아니고 어떤 기능을 말하는 것도 아니에요. 기술적인 지식, 습득할 수 있는 어떤 기술도 아니고. 개인적 진실에 충실하고 사회적·보편적 선을 숭상하는, 이런 사람을 인텔리겐치아라고 할 수 있겠지요. 사회와 국가와 인간 더 나아가 인류의 과거와 현재와 미래를 생각하고 거기에 대해서 깊은 책임감이 수반되는 사색을 하는 이를 나는 인텔리겐치아라고 생각해요. 어느 차원까지는 일정한 지식을 쌓을 수 있고 비교적 높은 수준의 교육을 받는 것은 가능하지만 그것만으로는 인텔리겐치아에 도달할 수 없어요. '지식'이라고 하면 단지 뭔가를 아는 것으로 생각하는데, 그렇지 않습니다. 오늘날의 공부는 취업을 위한 기능을 익히는 그런 것으로 통하는데, 이러한 야만적이고 원시적이고 비인간적이고 비도덕적인 사회에서는 진리를 추구하는 지식인이 존재하기가 어려워지지요. 생존경쟁에서 승자가 되기 위한 그런 지식은 인텔리겐치아의 그것이라 말할 수 없습니다.】

선생님은 분명히 '인텔리겐치아'다. 하지만 지금의 한국 사회에서 그런 사람을 쉽게 찾아볼 수 없는 것은 사실이다. 선생님도 인간은 선한 존재도 아니고 악한 존재도 아니지만 어린 아기도 동무에게 제 손에 쥔 것을 나누어 주려 하지 않는 '이기심'을 근본으로 갖추고 있다고 말씀하신 적이 있다. 그렇게 생각하고 때때로 좌절하면서도 선생님은 80년 동안 희망을 버리지 않고 진실을 오롯이 추구해 온 것이다. 아마 '앎'이라는 것이, 지식에 대한 사모와 갈증이 그 캄캄한 고독에 등불 노릇을 했을 테다.

그런 것이 역사다

변혁은 반드시 옵니다. 반드시 와요. 프랜시스 후쿠야마라는 역사학자가 소련이 무너졌을 때 'End of History'라고 말했습니다. '역사의 종언'이라는 것인데, 공산주의가 패배하고 자본주의가 승리했다는 겁니다. 공산주의가 무너지고 이제는 미국식 자본주의가 영원히 갈 것이다, 이런 이야기이고 사람들이 다 그 말을 믿었습니다. 그러나 그 20년 전에 나는 그렇지 않다고 단언했습니다. 그때는 공산주의와 자본주의의 대결에서 공산주의가 패배하고 미국식 자본주의가 영원할 것이다, 하고 한국 사람들도 믿었어요. 그리고 미국식 자본주의를 거의 맹신했던 것이에요. 나는 그때 동구권이 무너진 것처럼 다음에는 미국이 그렇게 될 날이 분명히 올 것이라고 말했습니다. 지금 우리 사회에서 생존경쟁과 야만적이고 비도덕적인 사회 분위기, 자본과 물질 만능주의와 경쟁 지상주의가 점점 심해진 것은 무조건 미국을 따라 한 탓이 큽니다. 우리나라가 해방된 이후에 미국에 가서 교육을 받고 혜택을 입은 사람들이 잘못 배워 가지고 온 것이죠. 자신들이 받은 혜택만 생각하고 미국적인 사회가 가장 이상적인 사회라는 몰이해를 가지고, 거의 지상낙원인 것처럼 생각한 것이죠. 마치 숭배와도 같이 미국을 따라 하려 했지만, 사회 안전망이 마련되지 않고 개인의 행복이나 복지가 모조리 개인의 책임이 되는 사회는 행복할 수 없습니다. 이것이 미국식 자본주의였던 거예요.】

오바마 대통령이 한국에 왔을 때 한국의 의료보험제도를 높이 평가했다지만, 자본가나 가난한 사람이나 의료보험료를 똑같이 내는 데다 영리 병원 설립이 초읽기에 들어간 지금의 한국 사회에는 여전히 '미국식 자본주의'를 숭상하는 사람들이 있다. 하기야 가진 사람들에게는 그보다 지상낙원이 없을 것이다. 결혼이 점점 늦어지고 저출산이 문제라지만 이것은 보수 언론에서 흔히 써대는 대로 젊은 세대의 이기주의 문제가 아니라, 하고 싶어도 할 수 없는 탓이 크다. 당장 제 밥 한 끼 먹을 걱정을 하는 젊은이들이 새끼 낳아 밥 먹일 엄두가 날 리 없다. 이런 문제를 개인의 책임으로만 돌리는 것을 보면, 이제 화가 나기보다는 그저 참담해진다.

【아무리 세계 1위의 경제적 대국이라 하여도 어떤 복지든 개인의 돈과 개인의 승부로 사라고 해서는 안 됩니다. 즉 돈 없으면 죽어라, 하는 것인데 이런 비정하고 불행한 사회는 또 없습니다. 지금 오바마 대통령의 의료제도 개혁이 부자들의 반대로 인해 벽에 부딪히고 있지 않아요? 이것이 자기 이득만을 중요히 생각하고 가난한 사람에게 나누어 주지 않겠다는 것인데, 우리가 이런 사회를 좋은 것으로 착각하고 따라 했지만 지금 봐요,

미국 경제가 전능적 파탄을 일으켰어요. EU의 독자적인 경제 금융 체제도 60년을 계속한 달러 지배 체제에 대한 항의인 겁니다. 이 모든 것은 돈만의 문제가 아니에요. 앞서 말한 비정한 사회 속에서 살아온 시민들이 이제 더 이상 이렇게는 살 수 없다, 하고 말하는 전 생존적 문제입니다. 미국식 가치관과 제도가 종말을 맞은 겁니다. 반드시 변혁은 와요. 우리 사회에도 옵니다. 미국에서는 오바마 대통령이 당선된 것이 그 변혁의 일부이고요. 미국에서 지금까지 사회를 지배했던 대상업가들, 대자본가들이 패망하고 새로운 미래가 펼쳐질 겁니다. 바로 이것이 역사이고, 역사의 변증법입니다. 물론 새로운 미래에도 갈등이 있겠지요. 그러나 '역사의 종언'이 없듯이, 끊임없이 갈등이 일어나면서 지속적으로 변화와 발전이 일어나고 조금씩 변화하고 또 조금씩 변화하게 될 겁니다.〕

혁명은 온다, 네가 형무소에 갈 때

마스카라를 쥔 손목에 절묘한 스냅을 넣어 속눈썹에 아찔한 컬 만드는 재주나 자랑스럽게 여기는 아가씨로 살다가 이명박 정부의 몰상식과 촛불의 발화를 바라보며 '데모질'의 맛을 처음 보았다. 하지만 광장을 둘러싼 차벽과 '명박산성'이라 불리는 컨테이너 틈바구니에서 그 맛은 우리 언제 아는 사이였냐는 듯 스르르 사라졌다. 하물며 민주화의 제단에 피를 뿌린 이들이야 그 맛이 담즙처럼 몇 백 배 더 쓰겠지만, 아무 일도 없었다는 듯 차가 쌩쌩 돌아다니는 세종로 사거리만 봐도 한동안 마음이 시렸다. 그 시린 마음은 단순히 MB 정부에 대한 적대감 같은 것이 아니었다. 달동네에도 한 집 건너 보습학원이 들어서고 딱지 한 장 날아오면 그 달동네 구차한 집도 신속하게 비워 줘야 하는 현실을 죽는 날까지 봐야 하나, 아직은 살날이 쇠털처럼 많을 텐데 이런 꼴을 죽을 때까지 계속 봐야 하고 끝내 물신이라는 이놈이 영원히 이기고야 마는 건가, 하며 종종 참 담했고 자주 슬펐다. 그런데 선생님이 변혁이 온다고 한다. 일제강점기와 한국전쟁과 이승만과 박정희와 케네디와 전두환, 김영삼……, 현대사의 목격자이자 그것을 꾸준히 기록하며 펜으로 싸워 온 투사가 그렇게 말한다.

【혁명이 반드시 일어납니다. 바뀔 수밖에 없는 거지요. 국가 사회의 지배 세력이 계속해서 자신들의 이익을 위해 없는 사람들을 박탈하고 모두에게 공정히 돌아가야 할 기회를 빼앗는다면 투쟁이 일어날 수밖에 없습니다. 이러한 거대한 투쟁이 우리나라에서도 몇 년 내에 일어날 겁니다. 제2의 민주화 투쟁이라고 할 수 있겠지. 그동안 누리지 못한 평등, 상호부조, 공평, 정의, 이런 것에 대한 갈구가 불같이 일어나는 겁니다. 바로 그런 게 역사예요.】

하지만 그것이 공짜로 얻어지는 것은 아니다. 누군가는 피를 뿌려야 한다. 그런 변혁이, 혁명이 쉽게 올 리 없다.

【변혁을 어렵게 생각해서는 안 돼요. 자신의 생활 방식을 개선하는 것이 바로 사회를 바꾸는 것입니다. 어렵게 생각하지 말아요. 어떠한 사상이 대중화되기 위해서는 그것을 받아들이는 처음의 소수가 필요해요. 그러므로 당연히 서서히 변화될 수밖에 없지요. 그 소수가 바로 인텔리겐치아입니다. 대중은 처음에는 귀찮아해요. 뭔가를 바꾸는 것이 귀찮으니까, 다 그런 거지 하면서 느릴 수밖에 없습니다. 그러니까 소수의 전위부대, 스스로 깨우치는 젊은 세대가 인식하는 것이 중요합니다. 지금 우리가 어떠한 상태에 있구나, 하는 인식을 해야 해요. 잘 알아야 해요. 그런 인식과 자각을 가지고 처음에는 한 명 두 명씩 싸워 나가야 합니다. 예를 들면 국가보안법 같은 것, 왜 폐지하지 못합니까? 선진 국가에서는 결코 있을 수 없는 일이지만 권력 집단이 자신들의 지위를 위협하는 일이기 때문에 절대 건드리지 못하게 하는 거지요. 공론의 장을 열면 지게 되니까. 자신들의 국가적 사회적 지배권을 놓고 싶지 않기 때문에 두려워하는 겁니다. 그 장을 열기가 결코 쉬운 일이 아니에요. 그래서 깨어 있고 행동하고자 하는 소수가 처음에는 형무소에도 가고, 경찰서에도 가고 해야지요. 필연적으로 희생이 따르고, 그 희생을 보면서 두렵고 겁나니까 또 변화가 좌절되고 지연되지만, 모든 것을 한 번에 바꿀 수 있습니까? 한 번에 혁명을 이루는 것은 불가능합니다. 소수의 활동 분자들이 적극적 분자로 활동하면서 제도에도 결국 변화가 일어나게 되는 거예요. 노동운동 역시 그랬어요. 절대 변하지 않을 것 같았지요. 하지만 노동자 한 사람 두 사람이 노동자의 권리를 알고 각성해 가는 가운데 변화가 일어난 겁니다. 처음에

는 하나, 그 다음에 둘, 또 셋…… 절대로 안 바뀔 것처럼 느리지만 아주 조금씩, 이렇게 혁명이 일어나는 겁니다. 사회는 절대로 그런 치열한 싸움이 없이 결코 변하지 않아요.】

길고 느리고 무섭고 치열한 싸움을 계속 해나가는 과정, 그 지루하고 때때로 찾아오는 좌절감을 '견뎌 내는' 것이야말로 변화를 위한 진짜 투쟁일지도 모른다. 현 정부의 지지율은 올라간다고 하고, 진보정당의 지지율은 민망할 정도로 바닥이고 사교육 열풍은 찜질방 맥반석보다 뜨겁고 "난 정치 같은 건 관심 없어" 하고 쿨하게 말하는 사람들이 곳곳에 넘쳐나는 것을 계속 보는 것.

거절하라!

【그런 게 역사라는 겁니다. 지금까지 역사란 내내 그런 식으로 발전해 왔습니다. 이것이 역사의 변증법이지요. 프랑스혁명도 그 이전의 왕정 체제에 시민들이 빼앗긴 권리를 찾은 겁니다. 그 이후로도 히틀러나 스탈린, 군국주의 등 반사회적이고 반인간적인 것을 볼 때마다 사람들이 질망하지 않고 다시 도전하고 항거해서 다시 찾고 또 찾아 나가는 과정에서 역사가 발전했습니다. 악독한 사회는 반드시 패망합니다. 우리나라도 이승만, 박정희, 전두환이 천년만년 그 자리에서 권력자 행세를 할 것처럼 보였지만 끌어내려졌습니다. 지금 사회 분위기가 도로 보수적인 분위기로

역행하고 있는 것처럼 보이는 것은, 아주 당연한 거예요. '반동'이지요.
옛날 옛적부터 잘 먹고 잘산 놈들이 제 권리를 잠시 빼앗겼는데 도로 찾
으려고 일어나는 게, 반동이 일어나는 게 자연스러운 일입니다. 그것에
대해 항거를 시작하는 겁니다. 그렇게 깨우쳐 나가면서 '아, 이것이 다만
우리들만의 생존 문제가 아니구나' 하고, 모두의 문제라는 것을 인식할
때 이러한 사상에 따라서 일어나는 운동이 바로 변혁이라는 겁니다. 너무
나 커다란 것들만이 변혁이 아니에요. 이를테면 중국의 문화대혁명 같은
경우, 뭔가 거대한 일이라서 대혁명이라고 하는 것이 아닙니다. 이를테면
의사와 같은 특권계급들을 필수적으로 1년씩 시골로 보내서 똥지게를 지
게 한다든가 궂은일을 하게 하는 거였습니다. 그것이 시골에서 노동력이
필요해서? 아니지요. 하층민, 가난한 사람들, 혜택에서 소외된 사람들이
어떻게 살고 있는지 그 실정을 생생히 알게 해서 다시 자신의 일터에 돌
아와 약자에 대한 사랑을 먼저 실천할 수 있게끔 교육부터 하는 겁니다.
지금 우리나라에서 입시라는 것이, 경쟁에 의해서 학우를 떨어뜨리고 1,
2점 차이 때문에 목숨을 걸고 서로 이기적으로 구는 이런 교육을 하고 있
는 것과 정반대인 것이지. 한 클래스에 잘하는 아이도 있고 못하는 아이도
있는데, 경쟁하는 것이 아니라 그 학급의 성적을 향상시키는 것이 공동의
책임이 되는 겁니다. 잘하는 아이에게 못하는 아이를 하나씩 책임지고 일
정한 수준으로 도달하도록 하는 의무를 부과하는 것, 경쟁보다 협동, 이
런 것을 가르치는 겁니다. 실제로 노동하는 사람, 사회를 떠받치고 있는
사람이 누구인가를 생생하게 알게 하는 것이 교육입니다.】

기륭전자 농성장에서, 강남성모병원 농성장에서 "저 아저씨 아줌마들 뭐 하는 거야?" 하고 묻는 아이에게 "우리 ××도 공부 열심히 안 하면 저렇게 된다, 알겠지?" 하고 말하던 아이 엄마가 떠오른다. 아마 그런 엄마는 제 아이가 실제로 노동하고 사회를 떠받치는 사람이 된다면 자식이 죽은 것처럼 슬퍼할지도 모른다. 그런데 정말 슬픈 건, 그 아줌마가 특이한 사람이 아니라는 것이다. 아주 평범하고, 어디에서나 볼 수 있는 그런 학부모다.

【지금은 중국이 많이 발전했지만 1970년대의 상하이는 아직 지금처럼 발전하지 않은 모습이었습니다. 그 도시 전체에 에어컨이 설치된 건물이 딱 한 채가 있었는데 그 건물을 누가 사용하고 있었느냐, 어마어마한 부자인 자본가나 혹은 군인, 공무원이 사용하고 있는 것이 아니었어요. 상하이의 노동조합, 그러니까 총공회(노동조합총연합) 사무실이 그 건물을 사용했습니다. 높은 사람 특별한 누가 혜택을 받는 것이 아니라, 소수가 아니라 다수를 위한 시설부터 문명과 시설의 혜택을 받도록 주어 나간 겁니다. 공산주의 사회는 생산성은 떨어져도 대신 평등하고 보편적인 복지 수준이 높아지죠. 이상적인 민주주의라는 것은 약자에게 우리가 가진 것을 나누어 주자, 하는 것인데 지금 우리가 아이들에게 가르치는 것은 남을 걸어차는 법이지요. 생존의 동물화, 약육강식의 방법이란 말입니다. '약자를 보호하자'가 아니라 심지어 강자가 '어떻게 약자를 더 잘 먹을 수 있을까'를 가르치는 상황인데, 이런 것을 용기 있게 거절해야 합니다.】

하지만 한 명의 천재가 1만 명의 그저 그런 사람들을 먹여 살린다는 것이 진리처럼 통하는 우리 사회에서, 이를테면 변혁을 꿈꾸면서도 삼성공화국 입사 제안을 한 치의 고민도 없이 칼같이 거절할 수 있는 젊은이가 있을까? 고종석 씨가 어느 글에서 썼듯이 삼성 휴대전화로 친구와 통화하면서 삼성 욕을 하는 것은 어떨까? 삼성 노트북 컴퓨터로 삼성을 비판하는 글을 작성하는 것은? '천재론'은 어쩔 수 없이 범상한 사람들을 주눅들게 한다. 그래서 사회인들은 먹여 살려지는 1만 명이 안 되기 위해 발버둥치고, 부모들은 제 자식을 먹여 살리는 한 명으로 만들기 위해 피땀을 흘린다.

【 한 명의 천재가 1만 명을 먹여 살리다니, 그거야말로 자본가의 극단적인 자기정당화의 이론화요. 예전에 미국에서 제너럴모터스GM가 마치 지금의 삼성과도 같은 위치였지. 그들이 그런 말을 했던 적이 있어요. "What is good for GM is good for the U.S.." 즉 제너럴모터스의 이익은 미국의 이익이라는 거요. 삼성을 비판하는 사람들을 비난하는 사람들의 논리도 비슷하지. 외화를 획득해 오지 않느냐. 그러니까 삼성 재벌에게 좋은 것이 모두에게 좋다는 이야기인데, 집단의 각기 다른 이해관계를 전혀 무시해 버리는 발언이야. 아주 위험한 사상이에요. 좀 비약해서 말하자면, 내 회사에 좋은 건 1만 명에게 좋다, 그렇다면 반대로 내 회사의 이익을 위해서는 무엇을 희생해도 좋다, 이런 생각으로 갈 수도 있지 않을까? 그러니까 가치판단을 지배자들에게만 맡겨서는 안 되는 겁니다. 한 명의 천

재가 1만 명을 먹여 살린다는 것도, 결코 용납할 수 없는 가치판단이죠. 지배자들에게만 가치판단을 맡길 때 길들여진 인간이 만들어져 버리는 겁니다. 비인간화, 소외된 인간, 인간 소외 현상이 일어나는 거지요. 그런데 오히려 요즈음에는 사람들이 그 무감각, 무의식을 자처하는 것처럼 보일 때도 있어요. 편하게 살기 위해 자발적 동조, 굴종을 하는 거지요. 그런데 이것이 돼지가 인간에 의해 길들여지는 것과 다른 것이 무엇이 있습니까? 먹이 한 주먹만 주면 돼지가 생존할 수 있고, 그러니까 사람이 쥐어 주는 것에 복종하지만 인간은 동물이 아니에요. 저차원적이고 동물적인 자본주의는 지양해야 합니다.】

배부른 돼지와 배고픈 소크라테스 중 무엇을 택할 것이냐는 질문에 우리 중 배고픈 소크라테스가 되겠다고 얼른 말할 수 있는 사람이 있을까. 먹고살 걱정이 아니라 '남보다' 못 먹고 못살 걱정이 극에 달한 우리는 오히려 안락한 생활을 위해서, 먹이 한 줌을 위해서, 얼마든지 자유를 반납할 용의가 간절하다. 베트남에서 위장 기사를 쓴 기자들을 회고하며 선생님이 "그 부장들이 십이분 타락할 용의가 있었기 때문"이라고 말했듯이, 타락까지는 아니더라도 배고프지 않기 위해 뭔가를 버릴 수 있는 용의 같은 건 얼마든지 있다. 오히려 그 용의를 받아 주지 않는 것이 내 '스펙' 때문이라 자책하곤 한다.

【하지만 양자택일의 문제로 단순화해서는 안 돼요. 평등의 가치를 새롭

게 인식하고 보편적 복지가 높아지도록 하면서 생산성도 높아질 수 있도록 가치관, 인간관, 세계관이 개량되어야 합니다. 현실적이어야 해요. 사회민주주의를 채택하고 있는 국가들, 노르웨이나 스웨덴, 덴마크, 핀란드 같은 북구 국가를 모델로 삼을 수 있겠지요. 이런 나라에서 우리나라처럼 밤 12시까지 붙잡아 놓고 공부시켰다 하면 대번 혁명이 일어날 겁니다. 인간 위주의 가치관에 익숙해진 시민에게는 그런 것이 이해할 수 없는 겁니다. 우선적 목표로 사회민주주의를 삼고 사회주의 정당, 사상, 교육, 집단을 허용하고 자본주의와 융합하는 것이 시급해요. 이러한 것이 새로운 사회의 밑거름입니다.】

가만히 보니까 선생님에게 말씀하시는 버릇이 하나 있다. '결코', '절대' 등의 단어를 그다지 사용하지 않는다. 무엇이 무조건 옳다, 그르다라고도 말하지 않는다. 책 속에만 있을 것 같은 단어도, 근사하지만 뜬구름 잡는 말씀도 없다. 진짜 '실용주의'란 게 바로 이런 거지 싶다. "어떠한 주장이나 입장에서도 시가 있고 비가 있으며 반발감과 공감이 있는 법이에요. 아무 반발도 없는 주장은 없고, 모두가 공감하는 견해란 없어요."(『대화』, 236쪽)

물을 건넌 개, 물에 빠진 개

점심을 먹고 나서 분위기가 조금 부드러워졌다. 아버지가 동네에서 조그만 개척교회를 하다 보니 그 앞에 사람들이 키워 주려니 하고 개를 자꾸 버린다는 이야기를 했더니 선생님이 증조할아버지의 개 이야기를 들려주셨다. 충직한 개는 주인이 벼슬을 사러 서울로 향하는 배를 따라갔다. 배에 개를 태워줄 리 없으니 개는 헤엄을 쳐서 따라갔고, 낯선 고장에서 개 밥도 제대로 챙겨 줄 수 없던 와중에 그만 헤어지게 되었다. 사람 먹을 양식도 없던 시절이니 개를 식량으로 보는 사람의 몽둥이를 피할 수 없었을 거라 생각했지만, 할아버지가 귀가했을 때 개는 신통하게도 고향 언덕 위에서 기다리고 있었다. 선생님이 화양동 집에 사실 적에도 개가 있었다. 특별한 이름이나 종자 있는 개는 아니고 풀어 놓고 기르는 잘생긴 개였다.

【나는 감옥이 너무 지긋지긋해서 대문을 잠그질 않아. 언제나 활짝 열어 놓는다구. 그렇게 뭔가를 옥죄고 묶는 것이 너무 싫거든. 그래서 개를 묶어 놓는 것도 못할 노릇이다, 생각하고 당연히 그 녀석도 묶지 않았지. 그때 우리 집에서 개를 길렀는데 참 잘생긴 개였어. 그런데 친척이 공장을 하는데 자꾸 도둑이 든다고 그 개를 달라고 해서 주었어. 그 개가 차에 실려 가면서 눈빛으로 빤히 보는데, 마음이 참 그렇더라구. 이쪽을 계속 돌아보고 있어. 그런데, 그 집에 가서 개집 놓고 줄로 묶어 놓으니 이 개가 밥을 안 먹는다는 거야. 그래서 우리 집에 전화를 걸어서 뭘 그리 좋은 것을 주어서 밥을 안 먹느냐 도대체 뭘 먹였느냐, 하는데 좋은 걸 무얼 주었겠어. 그냥 사람 남긴 밥 섞어서 워리워리 하면서 주었다고 하니까, 이 개가 밥을 안 먹고 단식투쟁을 한다는 거지. 그러다가 어느 날 밤에 누가 대

문을 두드리는 거야.】

사모님은 그때 워리가 대문을 흔들던 소리가 아직도 귓전에 생생하다 하
신다.

【밤에 대문을 누가 막 흔드는 소리가 나서 또 동네 아이들이 장난을 치는
가 싶어 밖에 나가 봤더니 글쎄, 그 개가 줄을 어떻게 풀어 가지고 온 거
야. 그 집에 갈 때 차에 실려 가서 길도 모를 텐데 말이지. 그때 얼마나 짠
하고 미안하던지……. 어떻게 찾아왔나 몰라. 그때는 지금처럼 포장된
길도 아니고 온통 알아볼 수가 없는 새까만 흙탕길이었는데.】

워리에 대한 선생님의 결론은 '자유'로 귀결된다.

【그 개가 우리 집에 있을 때는 마당을 돌아다니고 또 길을 자유롭게 돌아
다니면서 살다가 묶이니까 그게 싫었던 거야. 무릇 살아 있는 존재는 다
자유를 갈구하기 마련이지. 그 개도 바로 자유를 찾아서 도망친 거야.】

사모님이 웃으신다.

【무슨, 개가 자유씩이나. 주인이 보고 싶어서 찾으러 왔지 거창하게 웬
자유예요?】

갇혀 지낸 선생님은 줄이 싫었던 위리의 마음을 누구보다 잘 알고, 또 그 과정을 지켜보고 바라지한 사모님 역시 위리가 더욱 애틋했을 테다. 소개 반, 연애 반으로 결혼하게 되면서 편지를 주고받으시던 두 분은 선생님이 감옥에 갇히게 되면서 결혼 전보다 훨씬 더 많은 서신을 주고받았지만 화양동에서 산본으로 이사 오면서 그냥 다 내버리셨다 한다.

【글쎄, 나도 그걸 왜 버렸는지 정말 모르겠어. 여기 오면서 다시 볼 일 없을 줄 알고 다 버렸지. 내가 선생님 옥바라지하면서 기독교회관에서 쓴 일기들이 있거든. 그것도 다 버렸는데 지금 생각하니까 참 아까워. 다 놔둘걸, 그걸 왜 버렸나 몰라.】

선생님은 생각이 좀 다르다.

【아마 저 사람은, 그 감옥 생활이 지긋지긋하게 싫어서 그걸 다 내버렸을 거야. 감옥에 관련된 건 아무것도 생각조차 하기 싫은 게 아닐까. 내 생각엔 그래서 죄다 버린 게 아닐까 싶어.】

강을 열심히 헤엄쳐 주인을 따라온 개 이야기를 듣다 갑자기 노신의 "물에 빠진 개는 두들겨 패라"라는 말이 생각났다. 마침 중국의 전 교육총장 장스자오의 손녀이자 문학평론가 홍황의 책『생긴 대로 살게 내버려 둬』

를 며칠 전 읽은 참이다. 홍황은 어렸을 적 교과서에 "물에 빠진 개는 두들겨 패라"라는 구절이 할아버지 장스자오를 말하는 것이라고 쓰여 있으니까, 할아버지 이름이 교과서에 나오는 것이 마냥 신나서 몇 번이나 소리 내어 읽는 바람에 가족들의 속을 끓였다고 한다.

【나는 그 '물에 빠진 개'라는 것이 특정한 사람을 말하는 것은 아니라고 생각해. 노신이 말한 "물에 빠진 개는 두들겨 패라"라는 말은 어설픈 온정주의를 경계하는 말이지. 중국에서도 그랬고. 우리나라에서도 독재자의 말로에 언제나 그랬어. 이제 됐다, 다 지난 일 아니냐, 서로 용서하자, 좋게좋게 넘어가자는 식의 바탕이 얕고 아주 가변적인, 거짓된 도덕관, 위선이 있었지. 노신은 그런 것을 깨고자 그런 말을 한 거야. 어설픈 용서와 관용은 도움이 되지 않아. 그런 것을 함부로 말해서는 안 되지. 그래서 물에 빠진 개는 불쌍하다 건져 주자, 하는 식으로 대강 봉합하는 것이 아니라 오히려 정신 차리게 더 두들겨 패야 한다는 것이지.】

피로 쓴다

시간이 많이 지체되자 선생님은 숨을 몰아쉰다. 뜨거운 물이라도 가져다드릴까 싶어 일어나니 뜨거운 걸 삼키면 가슴이 더 타니 차가운 맥주를 딱 반 컵만 따라 오라고 하신다. 몇 모금씩 넘기면서 타는 속을 식힌 낯빛을 뵈니 흙빛이라 가슴이 철렁하다. 말씀이 안 나오시는지 손을 공중에

휘저으시다가 빨리 끝내자, 하셔서 죄송스럽다. 몇 모금 더 삼키시고 간신히 입을 열어 하시는 말씀이 10여 년 전 선생님을 덮친 병마도 바로 이렇게 온 거였다 하신다.

【며칠 전에는 내 평생의 소중한 지기인 한승헌 변호사 책에 들어갈 글을 부탁받아서 쓰다가 너무 고통스러워서 그 소중한 친구에게 처음으로 역정을 내고 말았어. 결국 글도 주지 못하고 말았지. 예전부터도 글이라는 것을 한 글귀 쓸 때, 한 글자 한 글자 말도 못하게 고통스러웠어. 병으로 쓰러진 것도, 글 쓰던 것을 고치고 또 고치면서 골치를 썩히다가 머리가 말도 못하게 아팠어. 머리가 정말 깨질 듯이 아프면서 열이 확 올라오는데 그대로 쓰러지고 말았지. 그렇게 쓰러져서 중풍이 된 거야.】

책상 앞에 앉아 쓰고 있던 글을 고치기 위해 펜을 쥔 채 문장 하나하나에 수없이 신경을 쓰고, 머리에 열이 이만큼 뻗쳐오른다 싶을 때 그만 쓰러지셨다 한다. 몸을 구속하는 질병의 고통을 말할 때보다, 펜을 쥐고 책상 앞에 앉았을 때 매번 솟구치던 열에 대한 괴로움을 말하는 선생님의 표정이 몇 배 더 고통스러워 보인다. 그 얼굴만 보아도 그 열을 얼마나 끔찍해 하시는가 생생해서 보는 사람도 가슴이 서늘해진다. 리영희의 저작들은 리영희라는 연료를, 말 그대로 활활 태워 그 재를 잉크 삼아 한 글자 한 글자 눌러 쓴 것이다. 용산도서관에서 넘겨 보던 그 책장의 글자 하나하나가 다 피로, 진액을 짜내서 쓰셨구나 싶어 그런 글 써서 읽게 해주신 것이 감사하고 마음이 아프다. 끝없이 엄격하게 끝내 몸을 마비시키면서까지 한 글자 한 글자 써오신 분 앞에서 지금까지 살아온 게 부끄러웠다.

생활은 간소히, 생각은 높게

【다시 태어난다면 이런 국제 정세나 세계에 대한 글은 쓰고 싶지 않아. 국제 정세라는 것이 시시각각으로 변하기 마련이니까 그 변화에 항상 촉각을 곤두세우고 있는 것이 너무 고통스러웠어. 너무나 민감하게 있어야 하니까 참 힘들었지. 만약에 다시 태어난다면 고고학을 해보고 싶어.】

왕년의 명사수답게 인디아나 존스 같은 모습도 어울릴 것 같다 하니 고개를 흔드신다.

【나는 그런 피지컬한 것하고는 본래 맞지 않아. 다만 초마다 변하는 세계 정세 말고, 이를테면 몇 백 년 전에 침몰한 배에서 건져 올린 도자기를 보면서 오래 시간을 들여 연구하고 그런 거 말이지.】

그래도 날렵한 몸으로 채찍을 휘두르며 '포티 파이브' 권총으로 백발백중의 사격 솜씨를 자랑하는 탐험복 차림의 고고학자 리영희를 상상하지 않을 수 없다. 하지만 캐릭터로 본다면, 절대 인디아나 존스는 아니다. 아무리 적이라 해도 타인을 아무렇지도 않게 함정에 빠뜨리거나 자동차에서 떨어뜨리거나 하는 건 도저히 '리영희 스타일'이 아니다. 가만히 생각해 보니, 영화로도 유명한 마거릿 미첼의 『바람과 함께 사라지다』의 남부 신사 애슐리 윌크스가 딱이다. 지금의 야만적이고 원시적이고 비인간적이고 비도덕적인 사회에서는 진리를 추구해야 하는 지식인이 존재할 수 없다고 잘라 말할 때 선생님의 표정에 나타나는 뚜렷한 분노의 표정이라든가 못 배운 사람들만 군대에 끌려 와야 하는 현실에 대한 혐오, 지주 계급이면서도 노예들에게 매질하는 것에 대한 경멸, 스스로도 상재가 없다고 말하는 점 등이 놀랄 만큼 닮았다. 하지만 "내가 죽지 않는다는 보장만 있다면 전쟁만큼 흥미로운 구경거리는 없다"는 선생님의 전쟁 복무 당시의 회고는 소설 속 레트 버틀러의 대사와 꼭 같다.

이 두 남자는 현실을 정확히 인식하고 있다는 공통점이 있지만, 레트가 전쟁통에 밀수품으로 큰돈을 번 반면 애슐리는 포로수용소에 갇혀서도 즉시 석방이 보장되는 전향 서약서에 서명하지 않은 것을 볼 때 두 사람의 차이는 확연하다. 선생님은 확실히 애슐리 윌크스 쪽이다. 스스로 정열적이지 못하다고 말하는 것까지 같은 것이 흥미롭다. 하지만 애슐리는 정열적인 스칼렛 오하라를 끝내 거부하지 못했고, 선생님이 깊이 존경하는 노신 역시 아내가 있음에도 불구하고 나이 어린 제자 쉬꽝핑과 사랑에 빠져 애인을 '꼬맹이'라고 부르는 연서를 수없이 썼다. 그렇다면 '지식인' 리영희가 아닌 '남자' 리영희는 불꽃 같은 사랑을 꿈꿔 본 적 없을까. 그렇게 물으니 선생님의 얼굴에 살짝 미소가 비친다. 이건 분명히 '남자'의, 그리고 '어른'의 미소다.

【나도 도덕군자는 아닌 것이고, 내가 살아온 시대에 허용되는 정도의 일탈이랄까, 범죄가 되지 않을 정도의 탈선이라면 어느 정도 해보았지. 이를테면 내 안에 지킬과 하이드가 있는 거야. 누가 알면 이중인격자다, 하고 손가락질할지도 모르지. 하지만 우리 세대는 뜨거운 연애나 그런 걸 생각하기에는 너무 힘겹게 살았어. 정서가 메마를 수밖에 없었지. 왜 안 그렇겠어. 일제시대에 성장해서 전쟁을 겪고, 전후의 어려운 시기를 거쳐 나가면서 너무 생활에 윤기가 없었어. 건강이 나빠지기 전에 악기를 하나 배웠더라면 참 좋았을 거야. 악기를 연주하면서 마음의 평화를 찾을 수도 있었을 텐데.】

생활은 어떻게 꾸려 나가냐고 물으시길래 그냥 돈 안 드는 짓이 그것밖에 없어서 숨만 쉬고 있다 했더니 웃으신다.

【네가 실업자인 건 자유의 대가니까 혜택이야. 야생마 같은 아이잖니?】

스스로 항상 잉여인간에 청년 백수라고만 생각했는데 야생마가 되니 어쩐지 신이 난다. 똑같이 청년 실업에 잉여인간이라는 기분으로 괴로워할 젊은이들에게 뭔가 충고해 주실 말씀이 없냐고 여쭙자 계속 사양하시다가, 괴테 이야기를 꺼내셨다.

【괴테도 말이야, 그런 요청을 받고 계속 거절을 했다지. 하지만 계속 부

탁을 받으니까 거절하고 또 거절하다가 이렇게 말했지. 그래 알겠다, 충고를 하겠다. 단, 내 충고를 따르지 않겠다는 조건하에서만 충고를 하겠다. 나도 그런 식으로 이야기하자면, ‘Simple life, high thinking.’ 즉 생활은 간소히, 하지만 생각은 높게 가지는 것이라고 말하고 싶군.】

하지만 ‘부자 되세요’의 주문이 여전한데 생활을 간소히 하는 것이 가능할까. 선생님 역시 아버지가 호강하라는 뜻으로 지어 주신 이름대로 살지 못하고 평생을 지내셨으니 개인적으로 앞으로의 목표이기도 한 ‘돈 없이 잘 살아갈 수 있는 법’을 여쭈었다.

【자기 생활의 주인이 되어야지. 물질은 중요하지 않아. 설령 모자 500개, 넥타이 300개를 가진다고 해서 그 물질의 주인이 되었다고 말할 수 있겠나? 오히려 물질이 주인이 되고, 물질의 예속물이 되는 거야. 정신의 혁명이 필요해. 자기의식의 전환을 이루어야지. 물질을 최우선으로 하는 약육강식의 자본주의는 착취와 강압과 사치와 타락이라는 부작용을 낳게 되는데, 이 타락이 중대한 병이야. 이 타락을 스스로 거부하는 만큼 인간적·윤리적으로 성장하고 정신적 기품이 높아지게 되지. 악덕한 제도, 정치, 사상에 굴종하지 않는다는 저항적 인간을 목표로 해야겠지. 풍요 속에 매몰되지 말고, 시시한 물건 따위에 만족하지 말고 스스로의 사상과 행동과 결정의 주인이 되는 거야. 자기를 상실하고 의식 없이 생활하면 물질의 노예가 되어 버리고 말지. 물론 자발적으로 이런 노예가 되고자

하는 사람이 많아. 자본주의에서는 그저 소비에서 낙을 찾으려고 하는 풍습이 많으니까. 이런 기준에서 본다면 나의 인생은 그저 낙오자일 수밖에. 계속 낙오자의 길로만 걸어왔고.】

선생님, 그럼 저도 낙오자 할게요, 하고 손을 들자 또 웃으신다. 낙오자로, 실업 자유 야생마로, 더 용감하게 살아야겠다.

리영희 수난곡, 리영희 스타일, 그리고 사상의 오빠

선생님 댁을 나오는데 슈만의 〈트로이메라이〉가 고요하게 울렸다. 선생님은 마음을 안정시키려고 할 때 이 곡을 들으신다 했다. 나는 이 글을 쓰면서 선생님을 떠올릴 때마다, 혹시나 그 이름에 누가 될까 초조한 마음에 깜박거리는 커서를 바라보면서 이를 악물 때마다 바흐의 〈마태수난곡〉을 들었다. 음악의 'ㅇ'자도 모르는 처지지만 이 곡은 계속 선생님을 떠올리게 했고, 선생님을 생각하면 계속 이 곡이 떠올랐다. 선생님은 수난을 당하던 옥중에서 이렇게 썼다. "나의 하루도 저물어가오. 지루한 하루였소." 고독이란 원래 지루한 것이다. 그 지루한 것을 견디는 것이 고독이 가진 가장 막강한 힘이고, 그것을 견디면서 '리영희 스타일'은 정금처럼 단련되었으며 결국 그 고독이 그를 '사상의 은사'로 만들었다. 외로울 때마다, 세상이 어떻게 돌아가는지 이해할 수 없을 때마다 선생님의 그 말을 입속으로 중얼거렸다. 변혁이 온다. 반드시 온다. 나는 지금까지 남자가 하는 말을 한 번도 믿어 본 적이 없었다. 그리고 어떤 남자가 한 말을 이토록 믿어 본 적도 처음이다. 이것이 역사다, 변혁은 온다. 반드시 온다. 이것은 선생님의 증언이기 때문에 믿을 수 있다.

'리영희 스타일'에 난삽한 것이 틈입할 여지는 1mm도 없다. 의식화의 원흉, 사상의 은사, 살아 있는 신화, 성찰의 대부. 그리고 나는 살그머니 사상의 오빠, 라고 남몰래 불러 본다. 조용필이 영원한 오빠인 이유는 그가 부른 노래가 영원히 젊은 채로 살아남을 것이기 때문이다. 그리고 리영희가 피를 태워 쓴 이 한 글자 한 글자도 서슬 퍼렇게 영영 젊은 채 우리 곁에 남을 테니 그야말로 사상의 '오빠'인 셈이다. 가혹하게 정직하고 칼날처럼 순결하게, 개인의 영달이나 풍요에 대한 욕구를 가차 없이 쳐내 버리고 다만 진리에 조금 더 가까이 가고자 하는 갈구만이 오롯이 남은, 80년 동안 계속된 '리영희 스타일.' 그 기나긴 세월을 순결한 고립 속에 살아온 이 고독의 일인자를, 타이프라이터 앞의 투사를, 사상의 '오빠'를 그 누가 사모하지 않을 수 있을까.

생각한다는 것은 무엇인가

강준만, 『한국 현대사의 길잡이 리영희』, 개마고원, 2009.

노신, 「납함」, 『노신문집 1』, 다케우치 요시미 역주, 김정화·한무희 역, 일월서각, 1985.

다케우치 요시미, 『루쉰』, 서광덕 옮김, 문학과지성사, 2003.

리영희, 『대화 – 한 지식인의 삶과 사상』, 한길사, 2005.

리영희, 『반세기의 신화 : 리영희 저작집 10』, 한길사, 2006.

리영희, 『새는 '좌·우'의 날개로 난다 : 리영희 저작집 8』, 한길사, 2006.

리영희, 『역설의 변증 : 리영희 저작집 5』, 한길사, 2006.

리영희, 『우상과 이성 : 리영희 저작집 2』, 한길사, 2006.

리영희, 『自由人, 자유인 : 리영희 저작집 7』, 한길사, 2006.

리영희, 『전환시대의 논리』, 창작과비평사, 2006.

리영희, 「D 검사와 리 교수의 하루」, 『역설의 변증 : 리영희 저작집 5』, 한길사, 2006.

임마누엘 칸트, 「계몽이란 무엇인가에 대한 답변」, 『칸트의 역사철학』, 이한구 옮김, 서광
　　　　　사, 2009.

프리드리히 니체, 『아침놀 : 니체 전집 10』, 박찬국 옮김, 책세상, 2004.

책읽기와 청년, 그리고 자유

강준만, 『한국 현대사의 길잡이 리영희』, 개마고원, 2004.

김영환, 「노동해방문학의 힘찬 전진을 위해」, 편집부, 『강철서신』, 눈, 1989.

리영희, 『대화 – 한 지식인의 삶과 사상 : 리영희 저작집 11』, 한길사, 2006.

유시민, 『청춘의 독서』, 웅진지식하우스, 2009.
천정환, 「1920년대 독서회와 사회주의 문화」, 성균관대 대동문화연구소, 『대동문화연구』
          64, 2008.
「출판운동 3세대, 사회변혁 운동권 논리 대중화 주도」, 『조선일보』 1989년 7월 21일자.
「한국의 지성, 금서가 키웠다」, 『경향신문』 2007년 4월 29일자.

무신론적인, 그러나 유신론적인

김만수, 『리영희 살아 있는 신화』, 나남출판, 2003.
리영희, 『대화 – 한 지식인의 삶과 사상』, 한길사, 2005
리영희, 『스핑크스의 코』, 한길사, 2006.

영어라는 우상

리영희, 『대화 – 한 지식인의 삶과 사상』, 한길사, 2005.
리영희, 『새는 ‘좌·우’의 날개로 난다 : 리영희 저작집 8』, 한길사, 2006.
리영희, 『역정 – 나의 청년시대 : 리영희 저작집 6』, 한길사, 2006.
박찬길, 「500단어의 유창한 영어 실력과 어느 아랍 외교관의 차이」, 『영어, 내 마음의 식민
          주의』, 당대, 2007.
송승철, 「영어 : 근대화, 공동체, 이데올로기」, 『영어, 내 마음의 식민주의』, 당대, 2007.
「‘양보다 질’ 선발기준 강화를」, 『중도일보』 2009년 6월 7일자.
「영어 수업만 들으면 아이비리그?」, 『한겨레 21』 제671호, 2007년 8월 2일.
정남영, 「영미문학 교육의 과제와 번역의 문제」, 『안과 밖 : 영미문학연구』 24(2008년 상반기).

다시, 지식인의 책무를 묻다

경향신문 특별취재팀, 『민주화 20년, 지식인의 죽음』, 후마니타스, 2008.
리영희, 『대화 – 한 지식인의 삶과 사상 : 리영희 저작집 11』, 한길사, 2006.
리영희, 『동굴 속의 독백』, 나남, 1999.
최장집, 『민주화 이후의 민주주의』, 후마니타스, 2005.

진짜 기자의 멸종

리영희, 『대화 – 한 지식인의 삶과 사상』, 한길사, 2005.

안수찬, 『기자, 그 매력적인 이름을 갖다』, 인물과사상사, 2006.

사회과학의 고민

리영희, 『대화 – 한 지식인의 삶과 사상』, 한길사, 2005.

리영희, 『인간만사 새옹지마』, 범우사, 1991.

사이토 준이치, 『민주적 공공성』, 윤대석·류수연·윤미란 옮김, 이음, 2009.

에밀 뒤르켐, 『직업윤리와 시민도덕』, 권기돈 옮김, 새물결, 1998.

은수미, 「그들의 이름을 부른다」, 『경향신문』 2007년 12월 10일자.

이기홍, 「사회과학에서 생산성 그리고 구상과 실행의 분리」, 『경제와사회』 77, 2008.

제레미 리프킨, 『유러피언 드림』, 이원기 옮김, 민음사, 2005.

조지프 스티글리츠, 『세계화와 그 불만』, 송철복 옮김, 세종연구원, 2002.

한나 아렌트, 『어두운 시대의 사람들』, 권영빈 옮김, 문학과지성사, 1983.

한나 아렌트, 『인간의 조건』, 이진우·태정호 옮김, 한길사, 2002.

Karl Mannheim, "German Sociology", *Essays on The Sociology of Culture*, edited by
　　　　Mannheim & Paul, Routledge & Kegan Paul, 1953.

냉소주의 시대의 우상과 이성

고은, 『만인보 12』, 창작과 비평사, 1996.

갸르르, 「이택광 인터뷰 – 촛불은 쾌락의 평등주의, 월드컵의 재현」, 2009년 11월 2일,
　　　　http://blog.ohmynews.com/specialin/304317.

주대환, 『대한민국을 사색하다』, 산책자, 2008.

프리드리히 니체, 『차라투스트라는 이렇게 말했다 : 니체전집 13』, 정동호 옮김, 책세상,
　　　　2000.

70년대 대학생에게는

리영희가 아버지였다

그래서 프랑스 신문 『르 몽드』는

그를 한국의 젊은이들에게

'사상의 은사'라고 썼다

결코 원만하지 않았다

원만하지 않으므로 그 결핍이 아름다웠다

모진 세월이 아니었다면

그 저문 골짜기 찾아들 수 없었다

몇 번이나 맹세하건대

다만 진실에서 시작하여

진실에서 끝나는 일이었다

그의 역정은

냉전 시대의 우상을 거부하는 동안

그는 감방 이불에다

어머니 빈소를 마련하고

구매품 사과와 건빵 차려놓고

관식 받아 차려놓고

불효자는 웁니다

이렇게 세상 떠난 어머니 시신도 만져보지 못한 채

감방에서 울었다 소리 죽여(고은, 「리영희」, 『만인보 12』, 82~83쪽)